Das Chinchilla-Handbuch
Tipps & Tricks zur Haltung

AF210308

Sabine Cremer

Das Chinchilla-Handbuch
Tipps & Tricks zur Haltung

Für die freundliche Unterstützung beim Zustandekommen dieses Buches bedanke ich mich herzlich bei meinem Mann und bei der Tierarztpraxis Anita Fehre, Wuppertal.

Originalausgabe
ISBN 3-89811-786-3
Umschlaggestaltung, Grafiken, Zeichnungen: Sabine Cremer
Fotos: Sabine Cremer, Uwe Cremer
Der Inhalt wurde sorgfältig recherchiert, bleibt aber ohne Gewähr für
Richtigkeit und Vollständigkeit. Nachdruck, auch auszugsweise, nur
mit schriftlicher Genehmigung des Verlags. Die Verwendung in ande-
ren Medien oder in Seminaren, Vorträgen etc. ist nicht erlaubt. Die
Nennung von Produkten dient lediglich Informationszwecken und
stellt keinen Warenmissbrauch dar.
Druck: Libri Books on Demand
Printed in Germany

Inhaltsverzeichnis

1. Herkunft

Chinchillas kommen ursprünglich aus dem südamerikanischen Raum. Ihr Name stammt wahrscheinlich aus der Inkasprache oder einer anderen südamerikanischen Indianersprache und wurde später von den Europäern übernommen. Im Deutschen war lange Zeit auch die Bezeichnung „südamerikanische Hasenmaus" gebräuchlich. Obwohl die Tiere tatsächlich wie eine Mischung aus Maus und Hase erscheinen, gehören sie zur Familie *Chinchillidae*.

Man unterscheidet zwischen der im Flachland lebenden Art Viscacha und den in den Anden lebenden Arten des Bergviscachas und des eigentlichen Chinchillas, den Langschwanz- und Kurzschwanzchinchillas. Chinchillas findet man in den Anden in einer Höhe von etwa 2500m bis 3700m. Äußerliche Besonderheiten sind der eichhörnchenähnliche Schweif, die langen Barthaare und die großen, beinahe haarlosen Ohren. Ihre fünffingrigen Pfoten ermöglichen es ihnen, Nahrungsteile wie Wurzeln oder Gras geschickt zu halten, und mit ihren langen Hinterbeinen können sie in der heimischen Bergwelt mit großer Beweglichkeit umherspringen. Chinchillas sind nachtaktive Tiere, die vom Sonnenuntergang bis zum Sonnenaufgang auf Nahrungssuche gehen. In ihrer Heimat ernähren sie sich außer von trockenen Gräsern und Wurzeln, von Rinden, trockenen Beeren und Früchten; sie haben sich also auf nährstoffarme und ballaststoffhaltige Nahrung spezialisiert. Am Tage ziehen sich die in Familienverbänden lebenden Tiere in ihre Höhlen (Felsspalten oder von anderen Tieren gegrabene Bauten) zurück. Dort bringen die Weibchen auch durchschnittlich vier Junge im Jahr zur Welt. Die Aufzucht der Jungtiere wird von beiden Elterntieren durchgeführt. Abzüglich des ca. 15cm langen Schwanzes erlangen ausgewachsene Chinchillas eine Körperlänge von 25cm. Sie besitzen einen dichten weichen grauen Pelz, bei dem jedes Haar eine dreiteilige Farbabstufung aufweist. Nur die Bauchhaare sind gänzlich weiß. Dieser Pelz schützt die Tiere hervorragend vor der kühlen, trockenen Witterung in den Bergen. So feuchtigkeitsarm wie ihre Ernährung ist auch ihre Fellpflege, die sie durch ein Staub- oder Sandbad vollziehen. Dieses Bad dient neben der Reinigung der Entfettung des Fells.

Die Bergviscachas sind etwas größer als die Chinchillas und haben lange hasenartige Ohren; ihre Verwandten, die ungefähr gleich großen Flachlandviscachas, besitzen kürzere Ohren und haben etwas Ähnlichkeit mit dem Aguti (Goldhase), einem anderen südamerikanischen Nagetier.

Schon bevor die Europäer sich aufmachten, die Neue Welt zu erobern, waren die kleinen Pelztiere bei den Ureinwohnern Südamerikas äußerst beliebt, und das hatten sie nicht nur ihrem Fell sondern auch ihrem genießbaren Fleisch zu verdanken. Die spanischen Konquistadoren jagten die Tiere jedoch ausschließlich wegen ihrer besonderen Felle. Die unbarmherzige Jagd nach den wertvollen Pelzen führte schließlich zur Ausrottung des fast hasengroßen Königschinchillas. Die Bestände der Kurzschwanz- und Langschwanzchinchillas sind durch die Pelzjagd derart dezimiert worden, dass diese Arten schon seit langer Zeit kaum noch in freier Wildbahn anzutreffen sind. Um den Bedarf an Pelzmänteln dennoch zu decken, begann man in diesem Jahrhundert mit der Zucht von Langschwanzchinchillas auf Pelztierfarmen.

Der WWF (Worldwide Fund for Nature, ehem. World Wildlife Fund) unterstützt in Chile ein Projekt zum Schutz der letzten wildlebenden Langschwanzchinchillas. Infolge von Fangquoten waren die Preise für Chinchillafelle angestiegen, was die Jagd auf die Tiere leider wieder attraktiv für Wilderer werden ließ, da die erhöhten Marktpreise für die Felle natürlich auch höhere Gewinne für die Wilderer bedeuteten. Zum Schutz der bedrohten Chinchillas beschloss die chilenische Regierung 1984 die Einrichtung eines Reservates. Der WWF konnte erreichen, dass ein Gebiet von 4200 ha zur Verfügung gestellt wurde.

Die Chinchillas, die man heute im Tierhandel erwerben kann, sind meist Kreuzungen aus Langschwanz- und Kurzschwanzchinchillas. Sie erreichen eine Körperlänge von insgesamt 40cm und sind außer in Standard (grau) in den durch Zucht hervorgebrachten Farbvariationen Beige, Saphir, Black Velvet (Schwarzer Samt) und Weiß erhältlich. Daneben existieren noch die Mutationen Blue Slate (Blauer Schiefer), Charcoal (graubraun) und Afro-Violett, die allerdings vorwiegend für die Belange der Pelzindustrie gezüchtet werden.

8

2. Eigenarten des Chinchillas

Das Verhalten von Männchen und Weibchen unterscheidet sich nicht wesentlich voneinander. Weibchen besitzen jedoch ein ausgeprägtes Sozialverhalten, weshalb man, sofern sie nicht trächtig sind oder Jungtiere aufziehen, schneller zu ihnen Zugang findet als zu den Männchen.

2.1 Nachtaktivität

Wie bereits unter 1. erwähnt, sind Chinchillas nachtaktive Tiere. Deshalb sind sie ideal für Berufstätige und/oder Nachtschwärmer, die abends Zeit für ein Tier entbehren können. Sie sind jedoch *ungeeignet für Kinder*, da diese natürlich tagsüber mit dem Tier spielen wollen. Außerdem sind Chinchillas keine Streicheltiere wie z.B. Hunde und Katzen.

Ihren Schlaf unterbrechen Chinchillas am Tage in der Regel nur, um Nahrung aufzunehmen. Gegen fünf oder sechs Uhr abends können Sie dann mit der aktiven Phase der Tiere rechnen. Diese dauert die ganze Nacht an, weshalb der Käfig nicht zu nahe am Schlafzimmer untergebracht werden sollte, denn Chinchillas können unangenehme Nagelaute durch das Benagen der im Käfig vorhandenen Holzbretter, Äste und Knabberhölzer verursachen.

2.2 Nagetrieb

Chinchillas gelten als sehr nagefreudig. Dies werden Sie spätestens dann feststellen, wenn ein sehr stabiles Knabberholz innerhalb kurzer Zeit zu sägespanähnlichen Holzstückchen verarbeitet wurde. Da die Zähne der Chinchillas ständig wachsen, ist es notwendig, genügend Nagematerial (Knabberäste, Heu) zur Verfügung zu stellen. Durch den Nagevorgang reiben die Zähne aneinander, was eine Abnutzung derselben sicherstellt.

Meist schnuppern Chinchillas zunächst aufgeregt an einem Gegenstand bevor sie ihn benagen. Die einzigen Gegenstände, die zumindest meine Tiere stets verschonen, sind die im Laufbereich aufgestellten Sandbadewannen aus Plastik (eine ehemalige Waschschüssel und eine umfunktionierte Katzentoilette). Ob der Farbton dermaßen abschreckend ist, oder ob sie, was zumindest naheliegend erscheint, grundsätzlich keine Sandwannen außerhalb des Käfigs benagen, - allein ein Chinchilla könnte wohl über das Motiv für dieses Verhalten Auskunft geben.

Damit Ihre Wohnungseinrichtung nicht dem Nagetrieb der Chinchillas zum Opfer fällt, sollten Sie alle Ecken und Kanten an Türrahmen und Möbelstücken in dem Zimmer, in dem das Chinchilla freien Auslauf erhält, mit Holz oder Pappe abdecken. Auch Kabel sollten Sie für das Tier unzugänglich verlegen, da das in Kabeln enthaltene Talkum Chinchillas geradezu magisch anzieht. Im Rahmen Ihrer Sicherheit und der Sicherheit Ihres Tieres sollten Sie gerade hier besonders penibel sein.

Papp-Ecken, die als Schutz vor den scharfen Nagezähnen des Chinchillas dienen sollen, können Sie leicht selbst basteln. Dazu schneiden Sie aus einem dicken Stück Karton ein ca. 20cm * 60cm großes Stück aus und falten die längere Seite in der Mitte. Sie können es sich auch noch einfacher machen, indem sie die Pappröhre einer ausgedienten Küchenpapierrolle der Länge nach aufschneiden und damit die jeweiligen Kanten verkleiden. Bitte betrachten Sie dazu die folgenden Abbildungen. Achten Sie auch darauf, dass keine schädlichen Stoffe, wie z.B. Plastik, Wolle oder Styropor, für Ihr Chinchilla erreichbar sind.

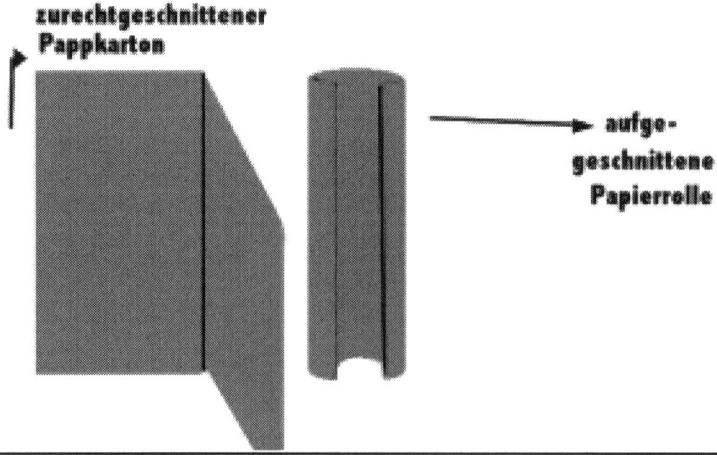

zurechtgeschnittener Pappkarton

aufgeschnittene Papierrolle

2.3 Neugier

Chinchillas sind von Natur aus sehr neugierig. Dies zeigt sich besonders dann, wenn sie sich unbeobachtet fühlen. In dem Raum, in dem sie sich bewegen, versuchen sie alles zu erforschen.

Ihre Neugier kann den Chinchillas dann zum Verhängnis werden, wenn sie auf instabile Konstruktionen springen wollen, in sehr enge Zwischenräume geraten und sich dort einklemmen, in etwas hineinspringen, z.B. einen Wassereimer, und dort nicht mehr hinausgelangen, vielleicht sogar ertrinken, oder wenn sie durch eine versehentlich offenstehende Haustür oder ein offenstehendes Fenster ins Freie gelangen. Versichern Sie sich, dass solche **Gefahrenquellen** nicht bestehen, bevor Sie Ihrem Chinchilla Auslauf gewähren.

Die Neugier der Chinchillas verursacht jedoch nicht nur potentielle Probleme, sie steigert auch die **Lernfähigkeit** der Tiere. Sie werden erfahren, dass Chinchillas gewisse verbale und nonverbale Aufforderungen mit einer bestimmten Handlung zu verbinden wissen. So locke ich z.B. mein krankes Chinchilla zu mir, indem ich es rufe oder mit den Fingern über den Teppich streiche. Wenn ich ihm meine offene Hand entgegenstrecke, weiß es, dass ich Nahrung bereithalte. Ein anderes meiner Tiere liebte es, wenn ich auf dem Boden saß, durch einen Sprung auf einen Schrank auf meinen ihm entgegengestreckten Arm zu gelangen und anschließend über meinen gebeugten Rücken wieder auf den Fußboden herunterzurutschen; und dabei hatte ich anfangs nicht mehr getan, als es auf meinen Arm zu locken. Darüber hinaus hören alle meine Tiere auf Ihren Namen. Bei mehreren in einem Käfig lebenden Chinchillas erscheint auf meinen Ruf hin nur das Tier, dessen Namen ich nenne.

Wenn Sie etwas Geduld mitbringen, wird auch Ihr Chinchilla auf Ihre Gesten und Zurufe positiv reagieren. Chinchillas haben jedoch ihren eigenen Kopf. Wenn die Tiere beispielsweise gemütlich und zufrieden auf einem Brett sitzen, sind sie durch keinen Lockruf von diesem Platz wegzubewegen.

2.4 Sprungvermögen und Beweglichkeit

Wenn Sie sich schon einmal das Kapitel „Käfigbau" angesehen haben, so werden Sie vielleicht im ersten Moment erstaunt sein, dass ein Tier, das mit einer Länge von ca. 40cm kleiner als ein Kaninchen ist, einen derart großen Käfig benötigt. In seinem Herkunftsland braucht das Chinchilla jedoch die Fähigkeit, geschickt zwischen Felsen umherzuspringen. Wenn die Tiere ein Hindernis erst einmal richtig eingeschätzt haben, können sie aus dem Lauf heraus bis zu einem Meter hoch springen. Einige meiner Tiere nutzten ihr großes **Sprungvermögen**, um auf die Türklinke zu springen. Ob sie sich gemerkt hatten, dass die Tür durch das Betätigen der Türklinke zu öffnen war, oder ob es Zufall war, dass sie gerade diese Stelle häufig anvisierten, - zwei der Tiere waren hin und wieder in der Lage, auf diese Weise in einen anderen Raum zu gelangen. Chinchillas benötigen also verständlicherweise einen großen Käfig, um möglichst artgerecht gehalten werden zu können.

Die **Beweglichkeit** eines Chinchillas zeigt sich spätestens, wenn Sie das Tier einfangen wollen. Bitte lesen Sie Kapitel 2.5.1 bevor Sie Ihr Chinchilla zum ersten Mal einfangen, da Sie ansonsten zu viele erfolglose Versuche riskieren. Als Fluchttiere sind Chinchillas auf ein geschicktes Hackenschlagen und Schnelligkeit geradezu spezialisiert. Zudem täuscht das dichte Fellkleid über die tatsächlichen Proportionen des Tieres hinweg, so dass Sie sich nicht wundern müssen, wenn das Chinchilla Zwischenräume durchqueren kann, von denen Sie vermuteten, sie seien zu eng für das Tier.

2.5 Abwehrreaktionen

2.5.1 Abstoßen von Fell

Ein weiteres Merkmal der Chinchillas ist, dass sie sich in freier Natur dem Zugriff von Raubtieren entziehen können, indem sie Fell abstoßen. So ist schon mancher Raubvogel der Anden auf seiner Jagd nach Chinchillas mit nichts weiter in den Krallen davongeflogen als dem Fell der kleinen Nager.

Auch gegenüber dem Menschen wenden die Tiere diese Methode an. Daher sollten Sie niemals versuchen, ein Chinchilla wie jedes andere Tier einzufangen. Wollen Sie ein Chinchilla einfangen, so ergreifen Sie es an der Schwanzwurzel, so wie es das folgende Bild zeigt. Züchter ergreifen Chinchillas auch an den Ohren. Verzichten Sie jedoch auf diese Variante, da sie für das Tier wesentlich unangenehmer ist.

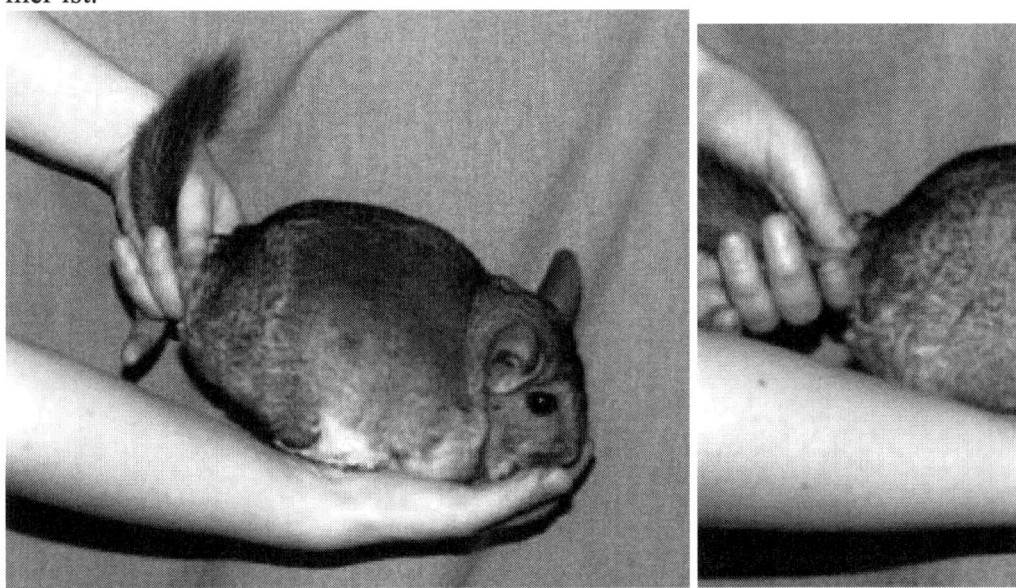

Bild 1: Das Chinchilla wird an der Schwanzwurzel ergriffen ...

Bild 2: ... und sofort auf den Arm oder an eine andere gewünschte Stelle gesetzt.

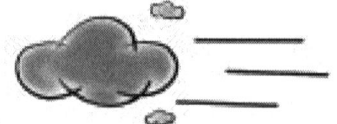

2.5.2 Flucht

Chinchillas sind von Hause aus friedliebende Tiere. Wenn sie sich bedroht fühlen, suchen sie ihr Heil lieber in der Flucht als im Konflikt. Nur wenn ein Chinchilla in die Ecke gedrängt wird, versucht es sich mit Warnlauten, Bissattacken oder Urinieren zu helfen.

Haben Sie Ihr Tier aus guten Händen erhalten, so werden Sie erleben, dass es sich bei subjektiv empfundener Gefahr in eine Nische oder ein ähnliches Versteck zurückzieht. Es empfiehlt sich die Anschaffung eines kleinen Holzhauses für Nager, das Sie in dem Raum aufstellen, in dem Ihr Chinchilla freien Auslauf erhält, damit Ihr Tier ständig einen Ort auch außerhalb des Käfigs hat, an dem es sich völlig sicher fühlen kann.

2.5.3 Akustische Signale

Fühlt sich das Chinchilla stark bedrängt oder ist es im Raum zu laut, so stößt es schnell aufeinander folgende hohe **Warnlaute** aus. Es gibt aber auch Fälle, in denen kein erkennbarer Grund für das Ausstoßen der Laute erkennbar ist. Das Tier kann durch einige in einem beruhigenden Tonfall ausgesprochene Worte wieder zur Ruhe gebracht werden. Oder ignorieren Sie diese Laute einfach, - das Chinchilla beruhigt sich nach einiger Zeit meist von selbst.

Wenn Ihr Chinchilla um Leib und Leben fürchtet, wird es einen hohen langgezogenen **Schrei** ausstoßen, der an den Todesschrei eines Kaninchens erinnert. Durch behutsames Streicheln und ein paar beruhigende Worte wird sich Ihr Chinchilla schnell wieder von dem erlittenen Schreck erholen. Einen ähnlichen Schrei stoßen trächtige Weibchen kurz vor Beginn und während des Geburtsvorganges aus.

Wenn Sie Chinchillas Ihrer Freunde und Bekannten für kurze Zeit zur Pflege aufnehmen, kann es vorkommen, dass, sofern Sie die „Gastchinchillas" im selben Raum wie Ihr Tier unterbringen, Ihr Chinchilla mit **Fieptönen** seine Eifersucht zum Ausdruck bringt. Falls das eifersüchtige Tier einen Käfiggenossen hat, wird dieser ebenfalls unter den Eifersuchtsanfällen zu leiden haben. Sie werden dann beobachten können, wie Ihr eifersüchtiges Chinchilla seinen Partner durch den Käfig jagt, einen Augenblick später aber wieder friedfertig neben ihm sitzt.

Gleichen die Laute eher einem **Wimmern**, so durchlebt das Tier entweder einen (bösen) Traum oder es handelt sich um Schmerzenslaute. Zu letzterem lesen Sie bitte Kapitel 7.

Zutrauliche Chinchillas werden versuchen, ihren Willen durch einen kurzen scharfen „**Meckerton**" durchzusetzen. Das Chinchilla nimmt dabei eine geduckte oder aufrechte Position ein. In der selben Art und Weise verfährt es auch mit Artgenossen bei Streitigkeiten um das Futter oder bei Rangeleien um den besten Platz im Käfig. Sie sollten sich also geschmeichelt fühlen, wenn Ihr Chinchilla Sie „anmeckert"; es sieht dann in Ihnen eher den Artgenossen als den zu respektierenden „Futterspender".

Fühlt ein Chinchilla sich besonders wohl, so kann man Töne wahrnehmen, die einem dumpfen **Zähneknirschen** entsprechen. Ein schnelles **Aufeinanderschlagen der Zähne** hingegen bedeutet Ablehnung. Das Chinchilla zieht es dann vor, in Ruhe gelassen zu werden.

Vermeiden Sie es Ihrerseits, ein Chinchilla wie einen Hund oder eine Katze durch ein Schnalzen mit der Zunge zu locken, da dieser Laut als bedrohlich empfunden wird, und das Chinchilla darauf in der Regel mit aggressivem Verhalten oder Flucht reagiert.

2.5.4 Urinieren, Bissattacken

Normalerweise versuchen sich Chinchillas durch Flucht einer unliebsamen Situation zu entziehen. Es kann jedoch auch vorkommen, dass Tiere zu einer Art Panikreaktion neigen. Drängt man ein Tier zu sehr in die Enge, wird es zunächst mit Warnlauten reagieren. Nähert man ihm sich trotzdem weiter, so **urinieren** sie den „Feind" an. Dieses extreme Verhalten zeigt sich meist bei Tieren, die aus einer nicht artgerechten Haltung stammen oder die sogar misshandelt wurden. Wenn

Sie viel Geduld beweisen und das Tier nicht unnötig bedrängen, wird sich dieses Verhalten nach und nach abbauen. Gegenüber für das Tier fremden Personen ist diese Reaktion jedoch nie völlig auszuschließen.

Bissattacken erlebte ich nur bei misshandelten Tieren. Besitzen Sie ein misshandeltes Tier, das Sie stets misstrauisch beäugt und auf jede Annäherung mit **Bissattacken** reagiert, so kann es unter Umständen ein Jahr dauern bis Sie mit viel Geduld und Zuwendung ein zutrauliches Haustier besitzen. Überlegen Sie sich also genau, ob Sie dies auf sich nehmen wollen.

3. Der Erwerb eines Chinchillas

3.1 Im Zoofachgeschäft

Ich nenne hier absichtlich nur das „Zoofachgeschäft", um damit zum Ausdruck zu bringen, dass man ein Haustier nicht in einem Kaufhaus erwerben sollte, da dort in der überwiegenden Anzahl der Fälle keine artgerechte Haltung der zum Verkauf deklarierten Tiere garantiert ist. Tiere, die wie Massenware angeboten werden, findet man häufig in viel zu kleinen Käfigen vor. Den vorhandenen Raum müssen sie sich meist mit vielen Artgenossen teilen. Dadurch ergeben sich bei diesen Tieren schon früh Verhaltensstörungen, unter denen neben dem Tier auch der zukünftige Tierhalter zu leiden hat. Denken Sie daran, dass Sie niemandem, außer dem Verkäufer einen Gefallen erweisen, wenn sie das Tier aus diesem Gefängnis befreien. Solange mit derartigen Verkaufsmethoden Geld zu verdienen ist, werden auch noch künftige Tiergenerationen unter solchen Bedingungen zu leiden haben. Unterstützen Sie lieber Geschäftsleute, die bei aller Liebe zum Geld das Wohl des Tieres nicht aus den Augen verloren haben. Natürlich gibt es auch unter den Fachverkäufern „schwarze Schafe". Daher nun einige Tipps, worauf sie beim Kauf eines Chinchillas achten sollten:

1) Die Tierkäfige sollten in einem SEPARATEN RAUM untergebracht sein, der von der übrigen Verkaufsfläche aus eingesehen werden kann.

2) In einem mindestens ein Kubikmeter GROSSEN KÄFIG sind nicht mehr als vier Chinchillas untergebracht, wobei alle Tiere die Möglichkeit haben, sich in Holzhäuschen, Korkröhren o. ä. zu verstecken. Darauf ist besonders zu achten, wenn die Tierkäfige nicht in einem separaten Raum stehen. Zudem sollten Bretter in unterschiedlicher Höhe angebracht sein, damit die Chinchillas sich ausreichend bewegen können.

3) Das FUTTER sollte, damit es nicht unnötig verschmutzt werden kann, auf einem vom Käfigboden entfernten Brett stehen. Dasselbe gilt für den Wassernapf. Besser ist es jedoch, wenn das Wasser über eine Tränke gereicht wird.

4) Achten Sie auf das FELL der Chinchillas. Ist es struppig oder sieht es sogar verfilzt aus, erhalten die Tiere kein Sandbad (s. auch 5.4). Das Fell sollte ebenmäßig und flauschig erscheinen.

5) Das KÄFIGSTREU darf nicht zu feucht oder vollständig verschmutzt sein (durch z.B. Futterreste, Losung).
6) Die Chinchillas sollten nur mit ARTGENOSSEN in einem Käfig leben.

Falls Sie der Meinung sind, dass alle Zoogeschäfte diese Anforderungen erfüllen, so muss ich Sie leider enttäuschen. Ich habe schon selbst gesehen, wie ungefähr zehn Chinchillas in einem Terrarium regelrecht zusammengepfercht zum Verkauf angeboten wurden. Die Tiere hatten nicht einmal die Möglichkeit, sich vor allzu neugierigen Blicken zu verbergen. Falls Sie über einen Internetzugang verfügen, erhalten Sie unter http://www.zzf.de Informationen zum Gütesiegel „Ausgezeichnetes Zoofachgeschäft".

Sind die o. g. Punkte zu Ihrer Zufriedenheit erfüllt, so ist nun der Zeitpunkt gekommen, sich ein/zwei Tiere auszusuchen. Dabei sollten Sie auf folgendes achten:
1) Das Tier sollte auf Sie mit einer natürlichen SCHEU, jedoch nicht mit Panik reagieren. Panik äußert sich in Bissattacken, durch einen lauten Schrei oder durch plötzliches Urinieren. Ist das Chinchilla weder durch beruhigende Worte noch durch vorsichtiges Streicheln zu beruhigen, so wählen Sie lieber einen seiner anderen Artgenossen aus. Auch zwischen Mensch und Tier stimmt die „Chemie" eben nicht immer.
2) Die ZÄHNE des Chinchillas müssen eine gelbe Farbe besitzen. Im Gegensatz zum Menschen bedeuten weiße Zähne bei einem Chinchilla, dass das Tier krank ist. Weisen Sie in diesem Fall den Händler auf diese Tatsache hin. Lassen Sie sich nicht von der Aussage täuschen, dass weiße Zähne bei einem Chinchilla nichts ungewöhnliches seien. Ungewöhnlich ist dies tatsächlich nicht, da man bei überzüchteten Tieren leider häufiger weiße Zähne vorfindet. Die Lebenserwartung solcher Chinchillas ist erfahrungsgemäß aber nicht sehr hoch (s. dazu auch 7.).
3) Trübe AUGEN und ein nahezu kahler SCHWEIF weisen ebenfalls auf Krankheiten hin. Lassen Sie sich auch hier nicht durch fadenscheinige Aussagen des Verkäufers beschwichtigen.
4) Obwohl sich ein Sandbad im Käfig befindet, weist das FELL negative Eigenschaften auf. Lassen Sie sich dadurch aber *nicht* unbedingt vom Kauf abhalten. Wenn die anderen Chinchillas im Käfig ein einwandfreies Fell besitzen, können Sie davon ausgehen, dass der Pelz des Tieres durch Ihre Pflege spätestens nach einer Woche wieder seidig glänzt.
5) Ein Ohr des Chinchillas weist einen verheilten Riss auf, oder eine Pfote zeigt Restspuren von Blut, oder der Schweif wirkt im Gegensatz zu dem der anderen

Chinchillas kurz: Lassen Sie sich dadurch *nicht* vom Kauf abbringen. Auch solch wendige Tiere wie Chinchillas sind nicht vor VERLETZUNGEN gefeit, und der Körperbau weicht unter Umständen schon einmal von der Norm ab. Prüfen Sie *aber*, ob sich an Körperstellen mit Verletzungsspuren ein Entzündungsherd gebildet hat, ob das Tier apathisch reagiert, oder ob es Bewegungsschwierigkeiten hat. Sollte einer der Faktoren zutreffen, so handelt es sich um ein krankes Tier. In diesem Fall sollten Sie von einem Kauf absehen.

6) Wenn Sie ein PÄRCHEN besitzen wollen, so werden Sie dies sicherlich am selben Tag beim selben Händler erwerben. Da die Tiere dann meist aus einem Wurf stammen, ergeben sich für den zukünftigen Halter keine Probleme. Sollten Sie jedoch in Erwägung ziehen ein Männchen und ein Weibchen zu erwerben, so beachten Sie bitte:

✗ Es ergibt sich die Gefahr der Inzucht, wenn Sie Tiere aus einem identischen Wurf bzw. vom selben Elternpaar miteinander verpaaren.

✗ Verpaaren Sie **niemals** Mutationen (z.B. Black Velvets) untereinander, weil sonst der sog. Letalfaktor (s. Kapitel 9, Buchstabe L) auftritt.

✗ Beide Tiere sollten ungefähr im selben Alter sein.

✗ Vorsicht, wenn Sie einem bereits in Ihrem Haushalt lebenden Tier einen Partner kaufen. Manche Chinchillas dulden keinen Neuankömmling in ihrem Bereich. Umgekehrt gab es auch schon Fälle, in denen das neue Chinchilla der Aggressor war. Kommt es zu Auseinandersetzungen zwischen den Tieren, so ist die Gefahr eines tödlichen Ausgangs gegeben. Das gilt übrigens auch für gleichgeschlechtliche Pärchen.

✗ Wünschen Sie keinen Chinchillanachwuchs, so sollten Sie das Männchen kastrieren lassen (der Eingriff ist hier nicht so kompliziert wie die Sterilisation beim Weibchen). Am besten befragen Sie zu diesem Thema Ihren Tierarzt.

 In den meisten Zoofachgeschäften erwarten sie junge, ungefähr drei bis sechs Monate alte Chinchillas. Die Preise variieren von 80-120 DM für ein Standardmännchen (graue Fellfarbe) und 100-140 DM für ein Standardweibchen. Mutationen wie das Black Velvet sind meist noch etwas teurer. Teuer wird es auch, wenn Sie sich für zwei Chinchillas entscheiden. Ihre Chinchillas werden es Ihnen aber auch doppelt danken. Sie werden schon bald feststellen, welche enormen Vorteile eine Paarhaltung bietet. Zum einen ist es ein Augenschmaus zwei aneinandergeschmiegte Chinchillas zu beobachten, zum anderen durchaus amüsant, Zeuge kleiner Zwistigkeiten zu werden, wenn z. B. das

eine Chinchilla dem anderen eine besondere Leckerei entreißt. Sie werden auch feststellen können, dass die beiden Chinchillas voneinander lernen. Sich eventuell ergebende große Charakterunterschiede machen Paarhaltung ebenfalls sehr interessant. Wenn Sie sich überdies noch für ein gemischtgeschlechtliches Pärchen entscheiden, werden Sie sich gegebenenfalls nach ein paar Monaten über eine Vergrößerung der Chinchillafamilie freuen können.

3.2 Übernahme aus zweiter Hand

Für viele zukünftige Chinchillabesitzer ist die Übernahme aus zweiter Hand eine preiswerte Alternative zum Kauf im Geschäft. Oft werden in den Zeitungen junge, aus einer Hauszucht stammende Chinchillas angeboten. Dann hat die **Annonce** ungefähr den folgenden Text: *„Zwei Chinchillas, einzeln oder paarweise, gegen Schutzgebühr in gute Hände abzugeben."* Gegebenenfalls ist außerdem zu lesen: *„... und gegen Vorlage des Personalausweises ... abzugeben."* Bei diesem Zusatz müssen Sie nicht gleich misstrauisch werden. Meist wollen sich die Verkäufer durch solche Maßnahmen vor gewerblichen Züchtern schützen. Das Wörtchen „Schutzgebühr" ist zwar im Zusammenhang mit einem Verkauf fehl am Platze, klingt aber wahrscheinlich in den Ohren des Verkäufers und Käufers besser als das Wort „Preis" oder „Entgelt".

Wenn Sie einen Termin mit dem Verkäufer vereinbaren, so gilt natürlich das ungeschriebene Gesetz, dass Sie den Verkäufer aufsuchen und nicht umgekehrt. Sollte der Verkäufer darauf drängen, mit dem angebotenen Tier zu Ihnen zu kommen, so sollten Sie stutzig werden. Nur unseriöse Anbieter, die etwas zu verbergen haben, werden darauf bestehen.

Sofern Sie Kapitel 2.1 noch nicht gelesen haben, holen Sie dies bitte nach. Bis auf die Besonderheiten bezüglich des Verkaufsraumes gelten alle dort aufgeführten Punkte auch für den Kauf aus privater Hand.

Lassen Sie sich übrigens keine Chinchillas verkaufen, die jünger als drei Monate sind. Wenn Sie noch nie ein Jungtier gesehen haben, so besuchen Sie einfach einen Zoofachhandel und betrachten sich die dort angebotenen Tiere. Diese sind in der Regel nicht älter als ein halbes Jahr.

Auch das **Tierheim** ist ein geeigneter Ort, um sich nach einem Chinchilla umzuschauen. Die Tiere stammen entweder aus verwahrlosten Zuchtbetrieben, oder sie wurden abgegeben, weil den Besitzern die Haltung zu kompliziert war. Leider fristen Chinchillas in Tierheimen eher ein Schattendasein, da viele zukünftige Chinchillahalter nicht wissen, dass man die Tiere auch dort erwerben kann, außerdem, weil Hunde und Katzen immer noch höher in der Gunst von Tierliebhabern stehen als das Chinchilla.

Da diese Chinchillas meist schon etwas älter sind und mehr oder weniger schlechte Erfahrungen hinter sich haben, werden Sie mehr Zeit als bei einem anderen Chinchilla benötigen, um Zugang zu dem Tier zu erlangen. Überlegen Sie also genau, ob Sie ein Tier aus einem Tierheim zu sich holen. Es nützt weder Ihnen noch dem Tier, wenn Sie nach einiger Zeit erkennen, dass Sie mit einem solchen Chinchilla nicht zurechtkommen und es dann wieder ins Tierheim zurückbringen. Wenn Sie jedoch genügend Geduld mitbringen, so wird Ihnen ein Heimtier genauso viel Freude bereiten wie ein im freien Handel erworbenes Chinchilla. Darüber hinaus ist es vorteilhaft Chinchillas aus einem Tierheim zu sich zu holen, wenn man Paarhaltung ohne Nachwuchs wünscht, da es in Tierheimen üblich ist, die männlichen Tiere kastrieren zu lassen, sofern diese mit einem weiblichen Tier zusammen leben. Außerdem ist der Erwerb eines Chinchillas in einem Tierheim wahrscheinlich die preiswerteste Alternative.

Leider erschweren sich manche Tierheime die Vermittlung von Tieren, wenn sie erfahren, dass bereits ein Chinchilla im Haushalt lebt. Besitzen Sie beispielsweise ein männliches Tier und wollen nun noch ein Weibchen in Ihren Haushalt holen, so müssen Sie nachweisen, dass das Böckchen kastriert ist, da man so vermeiden will, dass die vermittelten Tiere in die Hände von Züchtern gelangen. Zu diesem Zweck verlangen manche Tierheime, dass Sie das bereits im Haushalt lebende Männchen im Tierheim auf eine Kastration hin untersuchen lassen. So berechtigt auch die Vorsichtsmaßnahmen der Tierheime sind, so sollten Sie dennoch Ihrem Chinchilla die Aufregung einer Autofahrt und eines Abtastens durch Fremde an einem fremden Ort nur dann zumuten, wenn es aus Gesundheitsgründen erforderlich ist. Es gibt auch Tierheime, bei denen die Mitarbeiter bereit sind, mit dem

Tier, für das Sie Interesse zeigen, zu Ihnen zu kommen und das bei Ihnen lebende Tier bei dieser Gelegenheit entsprechend zu untersuchen. Wenn die Mitarbeiter eines Tierheimes unfreundlich auf Sie wirken, da Ihre Kenntnisse und Fähigkeiten bezüglich der Chinchillahaltung in Frage gestellt werden oder Sie wie ein potentieller Züchter behandelt werden, so bedenken Sie, dass es mehr als nur ein Tierheim gibt und man andernorts sicher den Tierfreund in Ihnen erkennt.

4. Erkennen des Geschlechts

Um das Geschlecht eines Chinchillas erkennen zu können, sollten Sie sich nun die beiden folgenden Abbildungen aufmerksam ansehen.

Abbildung A: Geschlechtsteile beim Weibchen

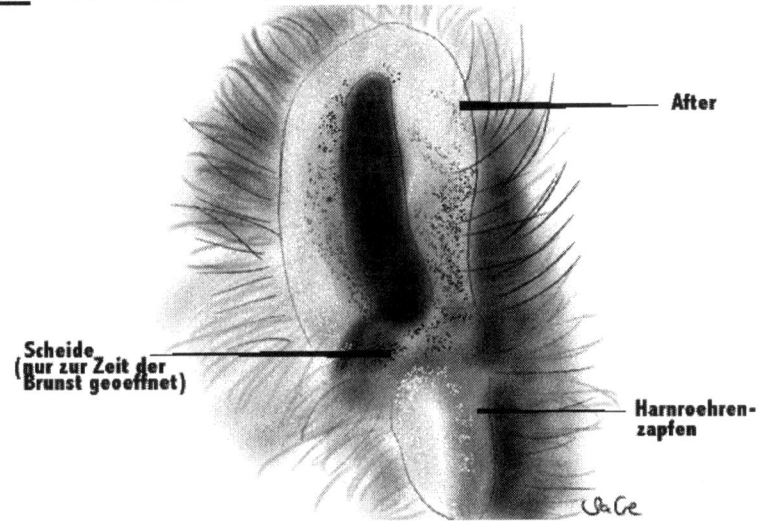

Abbildung B: Geschlechtsteile beim Männchen

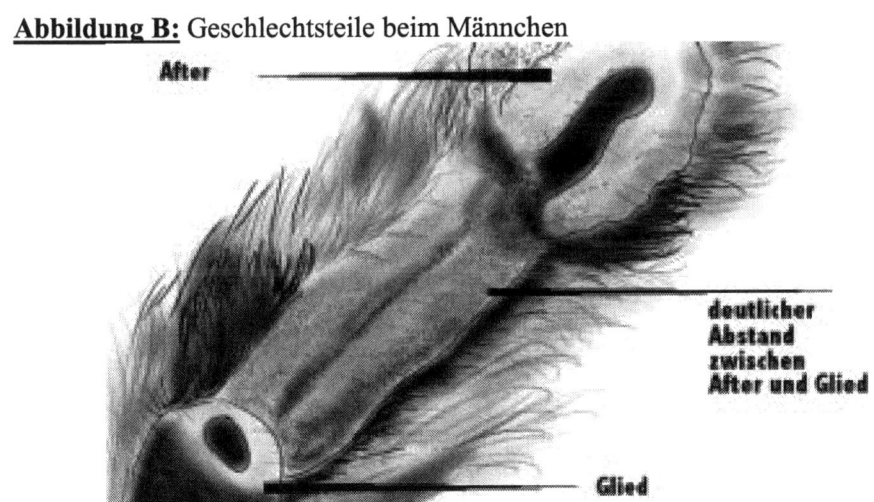

Sie werden feststellen, dass es gerade am Anfang nicht immer leicht ist, Männchen und Weibchen auseinanderzuhalten, selbst wenn Sie sich die Zeichnungen der vorangegangenen Seite lückenlos eingeprägt haben. So deutlich wie auf den Abbildungen, welche die After-Genital-Partie stark vergrößert aufzeigen, ist dieser Körperbereich sonst nicht zu sehen. Es mag Sie aber trösten zu hören, dass selbst professionelle Züchter anfänglich große Schwierigkeiten mit der Geschlechtsidentifikation hatten. Gerade bei Jungtieren ist die Bestimmung des Geschlechts besonders schwierig, da sich die Geschlechtsteile noch nicht entsprechend ausgeprägt haben.

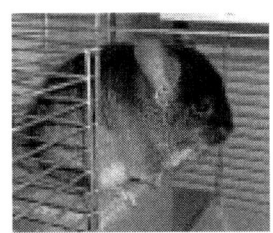

5. Unterkunft

5.1 Kauf eines Käfigs

Wenn Sie sich für den Kauf eines Käfigs entscheiden, so stehen Ihnen im Fachhandel mehrere Alternativen zur Verfügung. Die Angebote reichen vom einfachen Hasenkäfig bis zum speziellen Chinchillakäfig. Auch sog. Züchterkäfige werden angeboten. Vom Kauf eines Hasenkäfigs muss gleich abgeraten werden. Diese Käfige sind nicht geeignet, um dem ausgedehnten Bewegungsdrang des Tieres zu genügen. Sie können allenfalls als Notbehausung dienen, solange bis man den richtigen Käfig gefunden hat.

Da Chinchillas hervorragende Springer und Läufer sind, sollte der Käfig nicht nur eine große Grundfläche besitzen, sondern auch hoch genug sein. Sie werden sicherlich schon von Papageienhaltern gehört haben, die ihren Wohnraum mit einer Vogelvoliere ausstatten, um ihr Tier möglichst artgerecht zu halten. Ähnliche

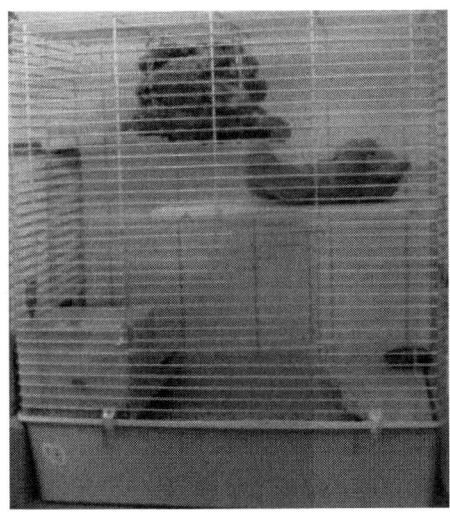

Maßstäbe sind auch für die Chinchillahaltung angemessen. Wenn Sie Ihrem (zukünftigen) Haustier aber genügend Auslauf garantieren können, so sind die handelsüblichen **Chinchillakäfige** ausreichend, wenn auch nicht optimal. Diese Käfige besitzen den Vorteil stabil genug zu sein, um den scharfen Nagezähnen der Chinchillas standzuhalten. Außerdem sind Holzbretter und ein Holzhäuschen, das als Versteck dient, im Kaufpreis enthalten. Sie können den Käfig noch zusätzlich verschönern, indem Sie weitere Sitzbretter oder eine Korkröhre anbringen.

Bild 3: Handelsüblicher Chinchillakäfig mit zusätzlich angebrachten Sitzbrettern und Korkröhre (hinten, Mitte links) aus dem Besitz der Verfasserin. Vorne rechts ist ein Teddybär zu sehen, der als „Gesellschafter" dient.

Die sog. **Züchterkäfige** sind aus stabilem Gitterdraht gefertigt und besitzen ebenfalls Bretter und ein Holzhäuschen als Grundausstattung. Ihren Ursprung können Sie jedoch nicht verleugnen, da sie sehr viel nüchterner und praktikabler wirken als die vorgenannten Käfige. Da aber Schönheit bekanntlich im Auge des Betrachters liegt, sei es Ihrer eigenen Entscheidung überlassen, für welchen Käfig Sie sich entscheiden, da Grundfläche und Höhe bei beiden Käfigen nahezu identisch sind.

Sollten Sie sich für eine **Voliere** entscheiden, so achten Sie darauf, dass der Gitterdraht unlackiert, nicht mit Kunststoff überzogen und dick genug ist, um einem Nagetier zu widerstehen. Vergleichen Sie dazu den Draht der Voliere mit dem Gitterwerk eines Chinchilla- oder Hasenkäfigs. Eine Voliere, die einem Papageienschnabel standhalten kann, bedarf allerdings keiner weiteren Prüfung. Außerdem dürfen die Abstände zwischen den einzelnen Gitterstäben nicht zu groß sein, damit das Tier keine Möglichkeit erhält, sich durch das Gitter zu zwängen. Da eine Vogelvoliere keine Bretter enthält, sind Sie darauf angewiesen, selbst welche zu befestigen. Sofern der Händler Ihnen keine vorgefertigten Ersatzbretter für Käfige anbieten kann, besorgen Sie sich unbehandelte Holzbretter aus Buche oder Kiefer beim Handwerkermarkt. Ein versierter Fachverkäufer wird Ihnen sicherlich auch Ratschläge zur Befestigung der Bretter in einer Voliere geben können.

Falls Ihnen eine Voliere zu groß ist und Sie im Handel keinen Chinchillakäfig finden, können Sie sich auch nach einem **Papageienkäfig** umschauen, der dann wie die Voliere zu einem Chinchillakäfig umgebaut werden muss.

Eine weitere Möglichkeit an einen geeigneten Käfig zu gelangen ist der Kauf von Käfigen und Zubehör über **Inserate**. Auch auf **Flohmärkten** werden Käfige angeboten. Bei diesen Alternativen ist jedoch Vorsicht geboten, da sich potentielle Krankheitsherde in diesen Käfigen eingenistet haben können. Reinigen Sie daher solche Käfige, bevor Sie ein Tier darin unterbringen, mit einer Seifenlösung (kein aggressives Putzmittel!), und sprühen Sie die Käfigwanne mit einem speziellen Käfigspray aus.

5.2 Bau eines Käfigs

Zusammengebaut ist der Käfig 130cm hoch, 103cm breit und 53cm tief. Zum Bau dieses Käfigs benötigen Sie folgende Materialien, von denen Sie einige im Baumarkt, andere im Zoofachhandel erwerben können (die in Klammern stehenden alphanumerischen Bezeichnungen verweisen auf die entsprechenden Teile auf dem auf Seite 29 abgedruckten Bauplan):

- ❖ Gitterdraht der Stärke 1mm, welchen Sie auf die Größe 110cm*101cm zuschneiden
- ❖ Drahtschere oder entsprechend stabile Kneifzange
- ❖ Holzbretter der Stärke 15mm, wobei Sie zwischen preiswerten Presshölzern und den teureren unbehandelten Naturhölzern wählen können. Das Holz Ihrer Wahl lassen Sie sich wie folgt zuschneiden: Ein Brett zu 103cm * 53cm (Brett **A2**), ein weiteres Brett (2mm dick) mit denselben Maßen (Brett **A1**), ein Brett zu 100cm*130cm (Brett **B**), zwei Bretter zu 130cm * 53cm (Bretter **C1** und **C2**), ein Brett zu 100cm *18cm (Brett **E**)
- ❖ unbehandelte Fichtenholzbretter für das Käfiginnere, die Sie sich nach Ihren eigenen Vorstellungen oder nach folgender Anweisung zuschneiden lassen: 50*30 cm (Brett **Z1**), 50*30 cm (Brett **Z2**), 45*25 cm (Brett **Z3**), 25*25 cm (Brett **Z4**), 30*30 cm (Brett **Z5**), 30*12 cm (Brett **Z6**), rechtwinkliges drei-eckiges Brett zu 18*15*24 cm (Brett **Z7**)
- ❖ 1 Käfigwanne (zu bestellen im Zoofachhandel): 100cm*50cm
- ❖ Holzdübel, große Holzschrauben (mehr als 30 von jeder Sorte werden Sie nicht benötigen), kleine Holzschrauben, Nägel (ca. 12-15)
- ❖ Farbabstreifrost der Größe 45*31cm
- ❖ Ein 1m langes Vierkantholz (**D**), Kantenlänge 3cm
- ❖ Ein 1m langes Vierkantholz (**F**), Kantenlänge 2cm*1cm
- ❖ Schrankscharnier von mindestens 90cm Länge
- ❖ 1 Schubladengriff
- ❖ 3 Käfigklammern (zu bestellen im Zoofachhandel)
- ❖ 1 Ast, Durchmesser mindestens 3cm, Länge mindestens 65cm
- ❖ 2 Holzhäuschen oder 1Korkröhre und 1Holzhäuschen
- ❖ 1 Blumentopfuntersetzer aus Ton, Durchmesser ca. 30cm, zur Verwendung als Sandwanne (handelsübliche Sandwannen bestehen meist aus Metall und kor-rodieren erfahrungsgemäß nach kurzer Zeit)

Zusammenbau des Käfigs:

Betrachten Sie nunmehr die Aufbauskizze auf S.29 und gehen Sie wie folgt vor: Das Brett **A2** bildet den Boden des Käfigs, das gleich große dünnere Brett **A1**den oberen Abschluss. Versehen Sie nun das Brett **A2** an drei Schnittkanten mit Holz-dübeln und verbinden Sie dieses Holzbrett dann mit **B**, diese beiden Bretter wie-derum (durch Holzdübel) mit **C1** und **C2**. Nehmen Sie nun die Käfigwanne und schieben Sie diese probehalber in den Aufbau. Das Vierkantholz **D** schrauben Sie mit einem Zentimeter Abstand vom oberen Rand der Käfigwanne an **C1** und **C2**. Das Schrankscharnier ist an Brett **E** und Holz **D** zu befestigen, so dass sich **E** in eine Klappe verwandelt, die es ermöglicht, die Käfigwanne bei Bedarf (z.B. Wechseln des Kleintierstreus) aus dem Käfig herauszuziehen. Wenn Sie nun an **E** den Schubladengriff befestigen, lässt sich die Klappe leicht öffnen und schließen. Jetzt legen Sie sich die Bretter für den Innenraum des Käfigs (**Z1-Z7**) in Ihre Reichweite und befestigen diese unten rechts mit **Z1** beginnend folgendermaßen: **Z1** wird zwischen D und B an **C1** und **B** befestigt. Auf der gegenüberliegenden Seite schrauben (dübeln) Sie **Z2** an **C2** und **B** fest. Verwenden Sie zur Befestigung von **Z1-Z7** neben den Holzdübeln auch Holzschrauben. Es folgt das hintere Brett **Z3** in einem Abstand von 36cm von **Z1**, anschließend das zweite hintere Brett **Z4** in einem Abstand von 41cm von **Z2**, dann **Z5** 63cm oberhalb von **Z1**, weiter geht es mit **Z6** 80cm oberhalb von **Z2**, und schließlich folgt noch **Z7** in einem Abstand von 18cm von **Z5**. Den ca. 65 cm langen Ast schrauben Sie mit langen Holzschrauben auf **Z7** und **Z6** fest, so dass der Ast eine Art Brücke von einem Brett zum anderen bildet. Danach ist das Brett **A1** als oberer Abschluss auf **C2**, **B** und **C1** festzunageln. Das Vierkantholz **F** schrauben Sie direkt unterhalb von **A1** zwischen **C1** und **C2** fest, damit Sie die für den Gitterdraht notwendige Befestigungsvorrichtung im oberen Käfigteil erhalten.

Zum Schluss müssen Sie den schon beinahe fertigen Käfig mit Gitter versehen. Von Ihrer Gitterdrahtrolle schneiden Sie dazu ein 110cm mal 101cm großes Stück mit einer Drahtschere aus. Dieses Stück bringen Sie nun mit einem Tacker an der Vorderseite des Käfigs an. Wenn Sie der Anblick der Tackernadeln stört, können Sie an den entsprechenden Stellen Holzleisten anbringen, die die Nadeln verdecken. Auf der Höhe des untersten Brettes schneiden Sie dann noch in Größe des Farbabstreifrostes eine Lücke in den Gitterdraht. Die Käfigtür befestigen Sie mittels Draht schwenkbar an der linken Seite. Die rechte Seite der Tür versehen Sie mit den Käfigklammern, so dass Sie den Käfig problemlos öffnen und schließen können. Betrachten Sie dazu bitte auch die folgenden Fotografien.

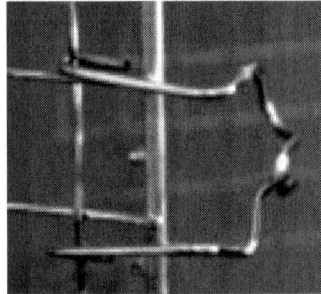

Käfigklammer   Käfigtür aus einem zweckentfremdeten Farbabstreifrost

Nachdem der Käfig fertiggestellt ist, können Sie nun darangehen, ihn mit einem oder zwei Holzhäuschen und/oder einer Korkröhre sowie der Sandwanne zu ergänzen.

Auf dieser Seite finden Sie eine Aufbauskizze, die Ihnen eine optische Hilfe beim Aufbau sein soll. Auch für die „Innenausstattung" folgt eine entsprechende Skizze.

Aufbauskizze:

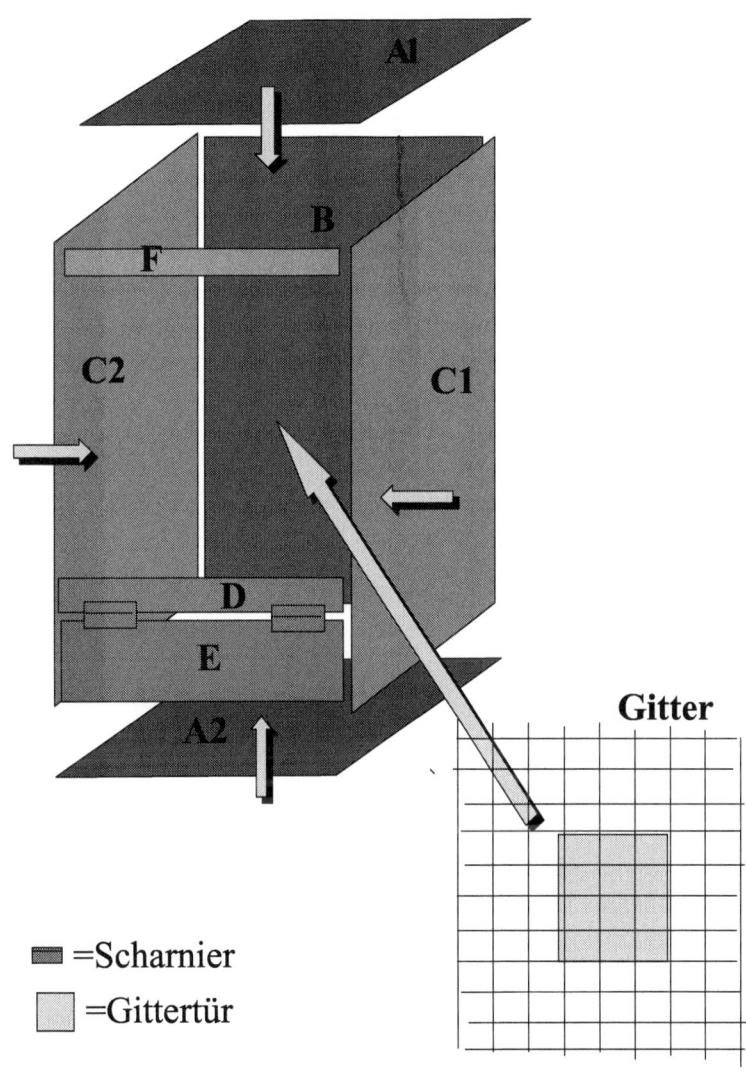

= Scharnier

= Gittertür

29

Käfigansicht mit eingebauten Sitzbrettern:
Zwischen Z5 und Z6 ist ein Ast zu befestigen

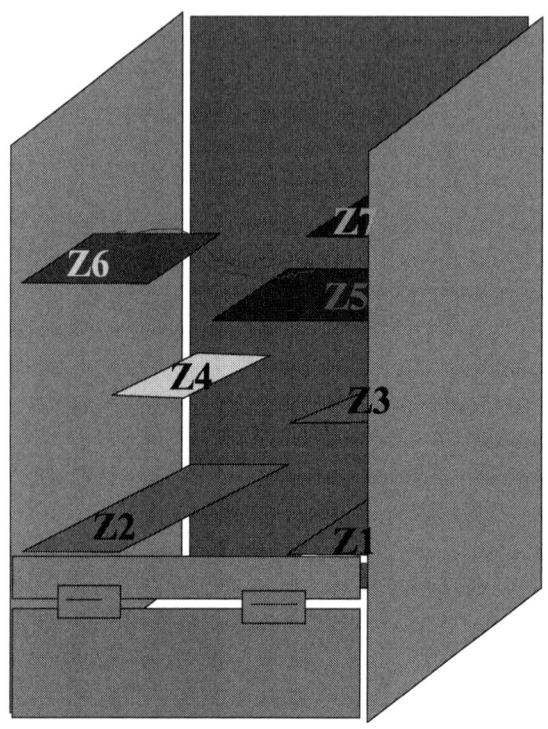

Das folgende Foto liefert Ihnen einen Eindruck, wie Ihr fertiggestellter Käfig aussehen kann. Denken Sie daran, dass es sich dabei lediglich um einen Vorschlag zur Gestaltung eines Käfigs handelt. Es bleibt letztendlich Ihrer eigenen Kreativität überlassen, wie Sie die Sitzbretter anordnen und an welchen Platz sie ein zusätzliches Holzhäuschen stellen. Sie müssen allerdings bei allem Tatendrang beachten, die Sitzbretter derart versetzt anzubringen, dass Ihr Chinchilla problemlos im Käfig umherspringen kann. Wenn Sie hier allzu unbesorgt verfahren, und der Sprungwinkel ist für das Chinchilla durch die im Käfig angebrachten Bretter zu steil oder die Entfernung zum nächsten Brett zu weit, kann sich Ihr Chinchilla ernsthafte Verletzungen aufgrund eines Sturzes zuziehen.

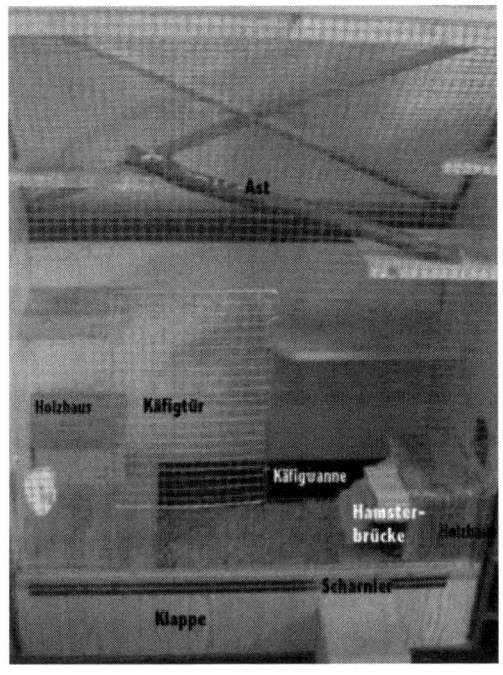

Bild 4: Die Hamsterbrücke (unten rechts) erleichtert dem Chinchilla den Aus- und Einstieg in den Käfig. Der Durchschlupf, der über dem Holzhaus auf der rechten Seite zu sehen ist, dient als Durchgang zu einem weiteren Käfig. Solch ein Durchgang kann auch zu einem späteren Zeitpunkt eingefügt werden, wenn man sich beispielsweise für die Haltung mehrerer Chinchillas ent-scheidet.

Falls Sie einen ausgedienten Schrank erwerben können, der ungefähr die Maße des hier dargestellten Käfigs besitzt, so können Sie sich den Aufbau eines Käfigs erheblich erleichtern, indem Sie aus dem alten Schrank die Türen und Regalbretter entfernen und anschließend nur noch die Sitzbretter, die Sandwanne, die Holzklappe, etc. anbringen.

5.3 Käfighygiene

Chinchillas sind äußerst reinliche Tiere, die in dem Raum, in dem sich der Käfig befindet, vom Geruch her nicht oder kaum zu bemerken sind. Das liegt daran, dass sie aufgrund ihres geringen Wasserbedarfs wenig urinieren und wegen der überwiegend trockenen Nahrung eine harte geruchlose Losung hinterlassen. Hinzu kommt, dass das Fell der Chinchillas durch das tägliche Sandbad stets sauber und flauschig bleibt. Parasiten zieht das Fell nicht an.

Natürlich kann deshalb eine Reinigung des Käfigs nicht entfallen, sie gestaltet sich jedoch wesentlich angenehmer als die Reinigung einer Katzentoilette. Von den Holzbrettern des Chinchillakäfigs ist die Losung nach Möglichkeit täglich zu entfernen. Das Streu im Käfig ist je nach Verschmutzungsgrad alle ein bis zwei Wochen komplett auszuwechseln. Bei sehr großen Käfigen (ab drei Kubikmetern) reichen auch alle drei Wochen, wenn in den Ecken, in die das Chinchilla bevor-zugt uriniert, das Streu häufiger ausgetauscht wird. Die Sitzbretter sollten zudem jedes Vierteljahr mit einer milden Seifenlösung (kein scharfes Putzmittel!) gerei-nigt werden.

6. Verpflegung

6.1 Tränken, Futternäpfe & Co.

Im Handel werden mehrere Tränken und Futternäpfe angeboten. Im Falle der **Tränken** kann ich keine besondere Empfehlung geben, da es auch häufig vom Tier abhängig ist, mit welcher Art Tränke es am besten zurechtkommt. Achten Sie besonders am Anfang darauf, wieviel Ihr Chinchilla trinkt. Den Wasserverbrauch können Sie am besten bei solchen Tränken kontrollieren, die eine Skala besitzen. Unmarkierte Tränken können Sie zu diesem Zweck auch selbst mit einem wasserfesten Stift beschriften. Das Wasser in der Tränke ist täglich zu erneuern, spätestens jedoch alle zwei Tage.

Sie können natürlich auch einen **Wassernapf** verwenden. Bedenken Sie allerdings, dass das Wasser in diesem Behältnis leichter verschmutzen kann (durch Staub, Insekten, Losung, Futterreste). Zudem ist es möglich, dass der Wassernapf vom Chinchilla umgeworfen wird. Um eine übermäßige Verschmutzung des Wassernapfs zu vermeiden, sollten Sie das Wasser mindestens einmal täglich wechseln.

Spezielle **Futternäpfe** für Chinchillas gibt es (noch) nicht. Es werden allerdings genügend Näpfe für andere Kleintiere angeboten, so dass Sie immer noch eine relativ große Auswahl erwartet. Da Chinchillas, wie bereits erwähnt, sehr scharfe Nagezähne besitzen, ist es ratsam, keinen Futternapf aus Plastik zu verwenden, da dieser meist sofort benagt wird. Näpfe aus Keramik oder Metall eignen sich besser und halten auch länger. Alternativ zu den im Zoofachhandel angebotenen Näpfen können Sie auch kleine, aus Keramik hergestellte Untersetzer für Blumentöpfe verwenden. Diese sollten einen Durchmesser von ca. 6cm besitzen. Die gleichen Untersetzer, mit einem Durchmesser von ca. 30cm, eignen sich auch hervorragend als **Sandwannen**. Die speziell für Chinchillas angebotenen Sandwannen bestehen überwiegend aus Metall und korrodieren leider nach einiger Zeit, wenn Ihr Chinchilla die „Unart" besitzt, ständig in das Sandbad zu urinieren. Keramikware ist diesbezüglich widerstandsfähiger. Im Laufbereich sollten Sie eine größere Sandwanne aufstellen, damit sich das Chinchilla einmal am Tag nach Herzenslust im Sand wälzen kann. Hier eignet sich am besten eine Waschschüssel oder, falls Sie das Verstreuen von Sand während des Badevorgangs stört, eine zur Sandwanne umfunktionierte Katzentoilette, die dafür sorgt, dass der Sand nicht übermäßig im Wohnraum verteilt wird.

6.2 Die „Grundnahrungsmittel"

Chinchillas besitzen einen sehr empfindlichen Magen. Sie dürfen nicht, wie andere Nager mit frischem Grün versorgt werden, sondern ausschließlich mit getrocknetem. Dies hängt damit zusammen, dass die Tiere aus den trockenen Gebieten Südamerikas stammen, in denen man das, was man hierzulande gemeinhin als sattes Grün bezeichnet, kaum finden wird. Die Chinchillas haben sich diesen Verhältnissen angepasst, so dass man nicht den Fehler begehen darf, die Tiere aufgrund ihrer Ähnlichkeit mit den einheimischen Hasen und Mäusen für eine Art „Hasenmaus" zu halten. Denken Sie also daran, Ihr Chinchilla grundsätzlich „trocken" zu ernähren.

Als das Brot der Chinchillas könnte man die **Pellets** bezeichnen, die Sie in jeder Verkaufsstelle für Tierfutter erhalten. Dieses Grundfutter wird von mehreren Firmen angeboten. Manche Tierfutterhändler besitzen auch „Futtertheken", an denen man sich die Pellets in der gewünschten Menge selbst abfüllen kann. Falls Sie sich nun fragen, ob man eine gewisse Marke bevorzugen sollte, so kann ich Ihnen nur empfehlen, sich auf den Geschmack Ihres Chinchillas zu verlassen. Da Geschmäcker bekanntlich unterschiedlich sind, werden Sie das Fressverhalten des Chinchillas beobachten müssen, um festzustellen, welche Sorte seinen Zuspruch findet. Die meisten meiner Tiere bevorzugen lange dünne Pellets.
Füttern Sie Ihr Chinchilla *niemals* mit Kaninchenfutter! Dieses Futter ist zu fettreich und kann bei Ihrem Chinchilla schwere Darmkrankheiten verursachen. Verwenden Sie ausschließlich Futter, das als Chinchillafutter deklariert ist.

Ein anderer wichtiger Bestandteil der Chinchillanahrung ist das **Heu.** Sofern das Heu für Nager geeignet ist, dürfen Sie es Ihrem Chinchilla unbesorgt reichen. Falls Sie die Möglichkeit haben, Heu frisch vom Feld zu beziehen, müssen Sie darauf achten, dass es sich bei diesem Heu um Heu vom ersten Schnitt handelt. Ansonsten besteht die Gefahr, dass sich z.B. die giftige Herbstzeitlose im Heu befindet. Außerdem darf das Heu nicht feucht sein. Sollte dies der Fall sein, so trocknen Sie es, indem Sie es an einem warmen Platz ausbreiten.

Sie können statt des Heus auch sog. Heuklopse kaufen, die speziell für Chinchillas hergestellt werden. Diese werden, im Gegensatz zum Heu, vom Chinchilla nicht auf dem Käfigboden verteilt, wo sie für zusätzliche Verschmutzung sorgen, sondern meist gleich vor dem Fressnapf zerkleinert. Außerdem benötigen Sie keine Heuraufe, wenn Sie diese gepressten Heuteile verfüttern.

Sollten Sie im Heu **Disteln** finden, so sortieren Sie diese nicht aus. Getrocknete Disteln stellen für Chinchillas eine außerordentliche Leckerei dar. Sie werden beobachten, mit wieviel Geschick die kleinen Nager eine Distel halten und fressen, ohne sich dabei zu verletzen. Falls Sie einen eigenen Garten besitzen, können Sie die Disteln auch selbst ernten, indem Sie dieser sonst als Unkraut verpönten Pflanze einen Platz zum Wachsen reservieren. Zum Trocknen hängen Sie die Disteln umgekehrt für eine Woche an einem warmen Ort auf. Vermeiden Sie es, Disteln vom Wegesrand mitzunehmen. Diese sind meist durch Hundekot oder Urin belastet und daher nicht zum Verfüttern geeignet. Reichen Sie Ihrem Chinchilla täglich nur ein Distelblatt, - auch wenn es Ihnen schwerfällt.

Auch wenn Sie nicht in der Lage sind, Disteln zu ernten, muss Ihr Chinchilla nicht auf eine Leckerei verzichten. **Rosinen** stehen ebenfalls sehr weit oben auf der Liste der Lieblingsspeisen eines Chinchillas. Kaufen Sie der Gesundheit Ihres Tieres zuliebe nur ungeschwefelte Rosinen (oder Sultaninen) und reichen Sie Ihrem Tier täglich zwei davon.

Nüsse sollten, da sie sehr fettreich sind, die Ausnahme bleiben. Eine Erdnuss oder eine Haselnuss einmal im Monat ist mehr als genug. Wenn Sie trotzdem mehr von diesen Leckereien verfüttern, z.B. eine Haselnuss täglich, wird Ihr Chinchilla nach relativ kurzer Zeit eine schlechte Losung aufweisen (s. Kap. 7).

Als **Ergänzungsfutter** erhalten Sie neben Hagebutten, Hagebuttenmix (Hagebutte + Gemüse, Hagebutte + getrocknete Apfelstücke) und Chinchillakräutern auch Chinchillafrucht. Daneben können Sie in Lebensmittelläden erhältliches Johannisbrot reichen. Diese Futtermittel bereichern den Speiseplan Ihres Chinchillas und können unbedenklich verfüttert werden. Auch Knabberstangen für Nager sind, sofern laut Hersteller für Chinchillas geeignet, eine willkommene Abwechslung. Denken Sie daran, dass es sich bei diesen Futtermitteln um E r g ä n - z u n g s f u t t e r handelt und reichen Sie deshalb nie mehr als 1-2 Teelöffel bzw. 1-2 getrocknete Apfelscheiben täglich. Knabberstangen sollten nur alle zwei Wochen in den Käfig gehangen werden.

Bild 5: Eine vielfältige Auswahl an Artikeln für die Versorgung eines Chinchillas ist im Handel erhältlich

Der folgende **Futterplan** stellt dar, welche Mengen pro Chinchilla täglich **maximal** verfüttert werden können:

▶ *morgens:*
✗ ein gehäufter Esslöffel (EL) Pellets
✗ ein EL Körnermischung (s. Kapitel 6.3)
✗ ein Teelöffel (TL) Hagebuttenmix
▶ *abends:*
✗ 1 TL Fruchtmischung (oder ein anderes Ergänzungsfutter)
✗ zwei Rosinen
✗ ein Distelblatt
✗ eine Handvoll Heu oder einen Heuklops
Darüber hinaus:
▶ *wöchentlich:*
✗ ein Stück trockenes Brot, ungefähr so groß wie ein Zuckerwürfel, oder ein gleich großes Stück Johannisbrot oder Apfel
▶ *alle zwei Wochen:*
✗ eine Knabberstange
▶ *monatlich*:
✗ eine Erdnuss oder Haselnuss

Sie sollten **mindestens** folgende Mengen reichen:

▶ *morgens:*
✕ ein gehäufter EL Pellets
✕ ein EL Körnermischung (s. Kapitel 6.3) oder 1-2 TL Ergänzungsfutter
▶ *abends:*
✕ zwei Rosinen
✕ eine Handvoll Heu
▶ *wöchentlich:*
✕ ein Stück trockenes Brot, Johannisbrot oder Apfel, ungefähr so groß wie ein Zuckerwürfel

Wechseln Sie nicht verbrauchtes Futter (auch das Heu) täglich gegen frisches. Frisches **Wasser** sollte Ihr Chinchilla täglich genießen können. Grundsätzlich sollte das Wasser in der Tränke nicht älter als zwei Tage sein.

6.3 Spezial-Rezept „Körnermischung"

Diese Futtermischung sorgt dafür, dass Ihr Chinchilla mit allen wichtigen Stoffen versorgt wird. Außerdem ist es ein Herausforderung für die Nagezähne des Chinchillas. Wenn Sie nur ein Chinchilla besitzen, ist die Menge, die Sie laut Rezept erhalten zu groß, um sie in drei oder gar zwei Wochen zu verbrauchen. Tipp: Eine Hälfte der Futtermischung wird in einem Plastikbeutel eingeschweißt. Entsprechende Folienschweißgeräte erhält man im Handel schon ab 40 DM, eine Anschaffung, die sich lohnt, weil Sie dadurch den Befall des Futters durch Fliegen und andere Insekten vermeiden, zudem bleibt das Futter frisch. Außerdem erhält man einige Zutaten leider nur in 1kg-Beuteln, so dass es erforderlich wird, zumindest die Restmenge an Weizen, Hafer, etc. umzufüllen oder neu zu verschweißen. Wenn Sie jemanden kennen, der ebenfalls ein Chinchilla hält, ist es vielleicht möglich, sich Menge und Kosten zu teilen.
Alle erforderlichen Zutaten erhalten Sie in Reformhäusern oder Drogerien.
Um das „Spezialfutter" zuzubereiten, benötigen Sie:
❖ 250g Weizenkleie
❖ 250g Weizenkeime
❖ 250g Hafer (keine Haferflocken!)

- ❖ 250g Gerstenkörner
- ❖ 70g Hirsekörner
- ❖ 30g Leinsamen
- ❖ 2 EL Kräutermischung für Chinchillas aus dem Tierfutterhandel, **oder:**1TL Kamillenblüten, 1 TL Malve, 1 TL Johanniskraut, 1 TL zerriebene Pfefferminze, ½ TL zerriebener Salbei

 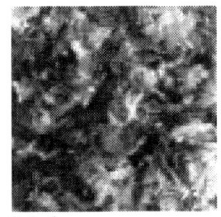  

Kamille   Malve   Pfefferminze   Salbeiblätter

Wenn Sie alles entsprechend abgewogen und abgemessen haben, nehmen Sie sich ein Gefäß, von dem Sie wissen, dass es fünf Liter fassen kann. In diesem Behältnis vermengen Sie alle Zutaten miteinander. Und schon ist das Spezialfutter fertig!

6.4 Das Sandbad

Chinchillas sind in ihrer Heimat an die trockenen Verhältnisse optimal angepasst. Daher benötigen sie auch kein Wasser, um sich sauber zu halten, sondern sie pflegen ihr Fell mit einem Staub- oder Sandbad. Das besondere Fell des Chinchillas wird durch ein solches Bad von Fett und Schmutz befreit. Parasiten setzen sich aufgrund des im Fell herrschenden Mikroklimas erst gar nicht fest. Es ist also nicht notwendig und zudem noch schädlich, ein Chinchilla in Wasser zu baden.
Der im Handel angebotene Chinchillasand besitzt alle erforderlichen Eigenschaften, um das Fell Ihres Haustieres zu pflegen. Wenn Sie Ihrem Chinchilla jedoch einen besonderen Gefallen erweisen wollen, so fügen Sie jedem Sandbad einen Teelöffel Talkum (in Apotheken erhältlich) zu. Die Sandwanne sollten Sie soweit mit Sand befüllen, dass der Boden mit einer ungefähr zwei Millimeter dicken Sandschicht bedeckt ist. Wenn Sie den preiswerteren Vogelsand verwenden wollen, so ist es unumgänglich diesen Sand zu sieben, da das Fell sonst unter den dem Vogelsand zugesetzten Kalkstückchen leidet. Überlegen Sie sich also, ob eine Mark weniger pro Kilo Sand diesen Aufwand rechtfertigt.

Im Handel erhältlich ist auch eine Sandart, die mehr von staubartiger Konsistenz ist. Diesen, meist weißlichen Chinchillasand, sollten Sie äußerst sparsam verwenden. Ein wenig davon auf den Boden der Sandwanne, so dass der Boden der Wanne gerade mit Sand bedeckt ist, reicht völlig aus.

Das Sandbad sollte erneuert werden, wenn es verschmutzt ist. Es schadet dem Fell nicht, wenn Sie die Schmutzteilchen, meist handelt es sich dabei um die Losung, durch Sieben entfernen. Erneuern Sie das Bad spätestens alle zwei Wochen.

Bild 6: Das Chinchilla scharrt im Sand   **Bild 7**: Das Chinchilla wälzt sich im Sand

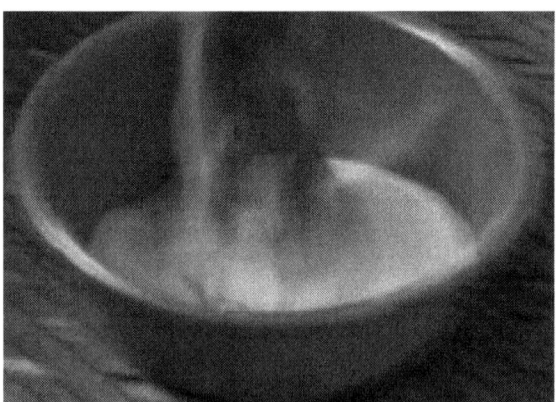

Bild 8: Das Chinchilla wirbelt während des Badens
Sand auf

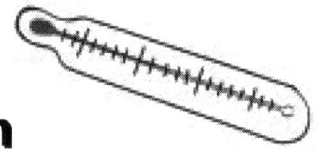

7. Krankheiten

7.1 Ursachen

Die häufigsten Ursachen für die Erkrankung eines Chinchillas liegen an falscher Ernährung, an Bewegungsmangel, an Überzüchtung sowie an der falschen Standortwahl für den Käfig (Tiere sind Durchzug oder Lärm ausgesetzt).

7.1.1 Ernährung

Viele Halter meinen es offensichtlich stets entweder zu gut mit Ihrem Tier, indem sie es überfüttern, oder sie lassen ihm Futter zukommen, das für ein Chinchilla nicht geeignet ist, wie z.B. frisches Gras, frisches Obst (Bananen, Weintrauben, Pflaumen, etc.) und frisches Gemüse. Wie bereits erwähnt, handelt es sich bei einem Chinchilla aber weder um ein Kaninchen noch um eine Maus. Die speziellen Anforderungen, die ein Chinchilla an die Nahrung stellt, müssen daher unbedingt eingehalten werden, da das Tier sonst schwere Magen-/Darm-Erkrankungen davonträgt. Eines meiner Tiere, das ich aus unqualifizierten Händen übernahm, war stets mit frischem Gras und Löwenzahn versorgt worden. Trotz der Futterumstellung, die ich vornahm, war das Tier bereits so schwer geschädigt, dass es schließlich an den Folgen dieser falschen Ernährung starb. Auch der Tierarzt konnte hier nicht mehr helfen. Ein ähnlicher Fall wurde mir bekannt, als ich einen anderen Chinchillahalter traf, der sich über die seltsamen Eßgewohnheiten und die Verhaltensstörungen seines Chinchillas wunderte. Sein Tier fraß nämlich seit einiger Zeit nahezu ausschließlich das Katzenfutter seiner Katze. Leider hielt er sein Chinchilla nicht davon ab, dieses Futter zu sich zu nehmen. Offenbar wusste dieser Mann nicht, dass man einen Pflanzenfresser wie das Chinchilla durch Futter aus Tierschlachtungen vergiften kann.

Ob Sie Ihr Chinchilla richtig ernähren, können Sie leicht anhand der **Losung** überprüfen. Sehen Sie sich dazu bitte die folgenden Bilder an. Diese zeigen Ihnen, wie die Losung eines gesunden Chinchillas und wie die eines kranken Chinchillas aussieht.

Bild A
(gesund)

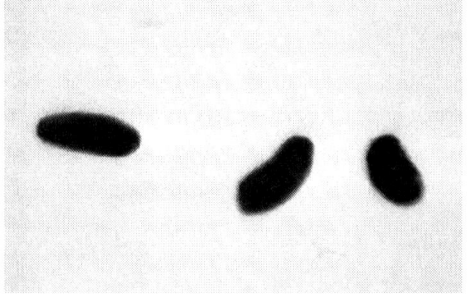

Merkmal: Ovale Form, glatte Oberfläche

Bild B
(schwere Verstopfung)

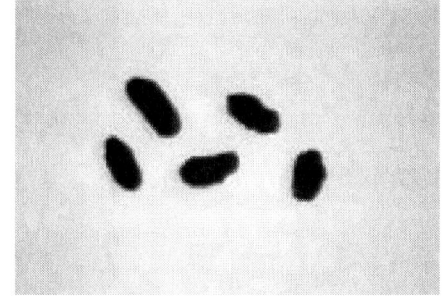

Merkmal: Klein, dünn, Oberfläche rauh

Bild C
(leichte Verstopfung aufgrund falscher
Ernährung; Wassermangel)

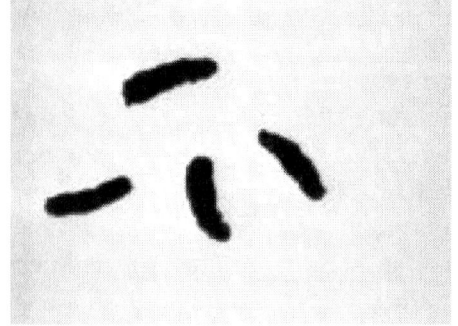

Merkmal: Die Losung ist lang, leicht
gebogen und dünn, Oberfläche rauh

Bild D
(Durchfall, meist aufgrund übermäßi-
gen Genusses von Leckereien)

Merkmal: Die Losung ist weich und
hinterlässt schmierige Rückstände.

Meist treten die Losungsformen von Bild B - D nur kurzfristig auf, wenn Sie sofort entsprechende Maßnahmen zur Regulierung der Darmtätigkeit treffen. Sie
sollten daher die Losung Ihres Chinchillas regelmäßig auf Veränderungen hin
untersuchen.

Bild A zeigt die Losung eines gesunden Chinchillas. Diese Losung weist eine
glatte, ovale Form auf; die Farbe der Losung ist entweder grünbraun oder dunkel-
braun. Bitte beachten Sie, dass es keine Normlänge bei der Losungsform gibt. Die

Losung ist beim einen Tier größer, beim anderen kleiner. Wesentlich ist, dass Form und Beschaffenheit der auf Bild A entsprechen.

Obwohl die Losung auf **Bild B** der von Bild A etwas ähnlich sieht, ist dies die Losung eines bereits schwerer erkrankten Chinchillas. Hier können Sie versuchen, mit einer Messerspitze Unechtem Karlsbader Salz (erhältlich in der Apotheke), die Sie täglich dem Wasser beifügen, Abhilfe zu schaffen. Übertreiben Sie die Zugabe dieses Salzes nicht, da durch die abführende Wirkung des Mittels bei einer Überdosierung die Gefahr besteht, dass Ihr Chinchilla zuviel körpereigene Flüssigkeit verliert. Überprüfen Sie auch, ob das Tier weder an Übergewicht noch an Untergewicht leidet. Ein gesundes Chinchilla sollte nicht unter 400g und nicht über 650g wiegen, das Idealgewicht ist bei 530g anzusiedeln. Falls Sie sich nicht an einen der in Kapitel 6.2 genannten Futterpläne halten, so ändern Sie den von Ihnen selbst erstellten Futterplan entsprechend ab. Bei Übergewicht reduzieren Sie die Nahrung entsprechend. Bei Untergewicht oder einem Gewichtsverlust von ca. 100g in einer Woche muss man bereits von einer fortgeschrittenen Darmentzündung ausgehen, weshalb dann unbedingt ein Tierarzt aufzusuchen ist. Im letzteren Fall reicht es keinesfalls aus, über die Zugabe von Unechtem Karlsbader Salz eine Besserung herbeiführen zu wollen.

Sollte die Losung Ihres Chinchillas die Form von **Bild C** haben, so handelt es sich oft um eine kleine Verstopfung oder Wassermangel. Wenn Sie Ihr Chinchilla zu einseitig, mit für Chinchillas ungeeignetem Futter oder nach ständig variierenden Futterplänen ernähren, kann es schnell zu Verstopfungen kommen. Diese können Sie beheben, indem Sie täglich die doppelte Menge Heu reichen. Darüber hinaus können Sie auch hier versuchen, mit Unechtem Karlsbader Salz die Verstopfung zu regulieren. Die Dosis entspricht der bereits zu Bild B genannten. Nach 1-2 Wochen sollte sich die Verdauung wieder normalisiert haben. Prüfen Sie außerdem, ob Ihr Chinchilla genügend Wasser aufnehmen kann. Ist dies nicht der Fall, so müssen Sie die Tränke austauschen. Falls keiner der genannten Fälle zutrifft, so ist unbedingt ein Tierarzt zu Rate zu ziehen.

Das Tier, das die Losung von **Bild D** aufweist, wurde zu sehr verwöhnt. Auf Rosinen oder Apfelstückchen muss Ihr Chinchilla dann leider 1-2 Wochen verzichten. Reichen Sie verstärkt Heu, Pellets und Körnermischung, damit sich die Darmtätigkeit bald wieder normalisiert.
Kontrollieren Sie in dem Fall, dass Sie diese Losungsform vorfinden außerdem, ob das Futter noch in einem einwandfreien Zustand ist. An verdorbenem Futter

trifft den Tierhalter meist keine Schuld, da sich Parasiten, meist Lebensmittelmotten, schon vor dem Kauf des Produkts in das Futter eingeschlichen haben. Überprüfen Sie daher das Futter vor dem Kauf auf feine fadenartige Gebilde, dem sog. Gebinde, die sich an einzelnen Futterteilen festgesetzt haben. Sollten Sie dergleichen entdecken, so machen Sie auch den Verkäufer darauf aufmerksam, damit dieser die verdorbenen Futtermittel aus dem Verkaufsregal entfernen kann.

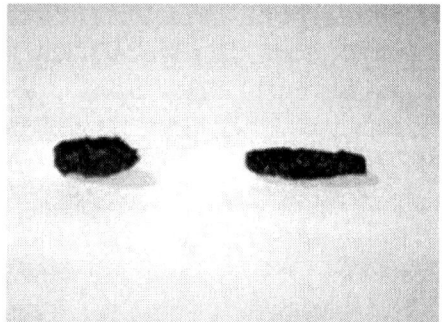

Bild E: Losung B und C im Vergleich

7.1.2 Bewegungsmangel, mangelnde Zuwendung

Chinchillas, die zuwenig Auslauf erhalten oder/und in einem zu kleinen Käfig leben, werden nach einiger Zeit folgende Eigenarten aufweisen: ständige Fluchtbereitschaft, mangelnder Appetit, Fellbeißen.
In solchen Fällen sollten Sie dem Tier mehr Freiraum zugestehen und sich zudem intensiver um Ihr Chinchilla kümmern. Auch Tiere brauchen Zuwendung und Bewegung. Lesen Sie bitte bezüglich des Platzbedarfs von Chinchillas Kapitel 2.
Falls das Chinchilla trotz dieser Maßnahmen keine Verhaltensänderung zeigt, legen Sie ein Stofftier in den Käfig. Wenn der neue „Käfigbewohner" vom Chinchilla akzeptiert wird, dann fehlte dem Tier offenbar Gesellschaft. Nach ein paar Wochen stellt sich dann bei Fellbeißern die gewohnte Fellpracht wieder ein. Sollte Ihr Chinchilla das Stofftier jedoch intensiv benagen, so entfernen Sie es sofort wieder aus dem Käfig.
Es ist auch möglich, dass ein fellbeißendes Chinchilla an einer hormonellen Störung leidet, die in den Nebennieren ihren Ursprung hat und einen für das Chinchilla unangenehmen Juckreiz auslöst. Hier kann Ihnen nur der Tierarzt weiterhelfen.

7.1.3 Überzüchtung

Einige Farbvariationen unter den Chinchillas, wie z.B. das Black Velvet, sind aufgrund von Überzüchtung besonders anfällig für bestimmte Krankheiten. Entweder schon kurz nach der Geburt, im fünften, meist aber im zehnten Lebensjahr erkranken diese Tiere an einer Art **Zahnschwäche**. Die Nagezähne werden plötzlich nicht mehr ausreichend abgenutzt, weil das Chinchilla Schmerzen beim Nagen verspürt. Das hat zur Folge, dass die Zähne uneingeschränkt wachsen können und ab einer gewissen Länge die empfindliche Mundschleimhaut verletzen. Insbesondere die Schneidezähne ragen wie Dolchspitzen in den Mundbereich, wobei sich die oberen Schneidezähne meist säbelartig in den hinteren Mundbereich wölben.
Wenn Sie ein Black Velvet oder eine andere Farbvariation besitzen, sollten Sie Ihr Tier bei der Erreichung eines der o. g. Alter genau beobachten. Wenn sich diese Zahnschwäche einstellt, so wird das Chinchilla zunächst nahezu ausschließlich die weichen Futterteile, wie Rosinen oder Fruchtstücke bevorzugen. Schließlich wird es auch diese ablehnen. Mit diesem veränderten Fressverhalten geht eine erhebliche Gewichtsabnahme einher. Es gibt auch Tiere, die bei dem Versuch, feste Nahrung zu sich zu nehmen, aufgrund der Schmerzen Klagelaute von sich geben. Wenn Sie all dies bei Ihrem Chinchilla bemerken, sollten Sie die Länge der Schneidezähne überprüfen. Dazu fangen Sie das Tier ein und öffnen durch einen seitlich Druck auf den Kiefer das Maul. Die Haut, die sich über die unteren Schneidezähne wölbt, ziehen Sie vorsichtig soweit herunter, bis Sie den Zahnansatz sehen können. Entspricht das Aussehen der Zähne dem auf Bild 9, so suchen Sie schnellstmöglich einen Tierarzt auf. Dieser wird die Zähne auf ihr normales Maß zurückstutzen, damit die empfindliche Mundschleimhaut keinen weiteren Schaden nimmt, so wie es die folgenden Bilder zeigen.

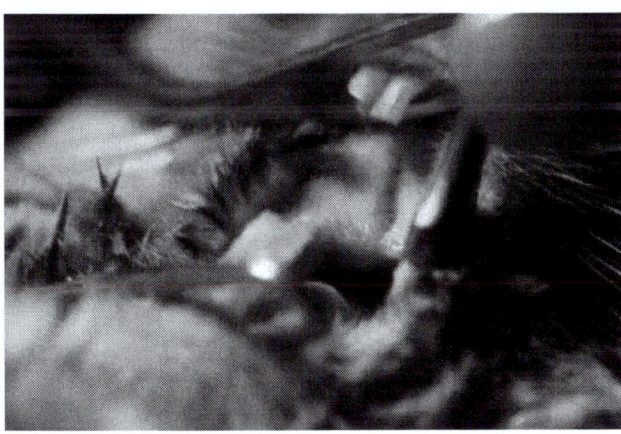

Bild 9: Die Überlänge der unteren Schneidezähne ist deutlich zu erkennen. Damit die Maulsperre bestmöglich angebracht werden kann, werden die langen Vorderzähne jedoch erst zum Schluss gekürzt.

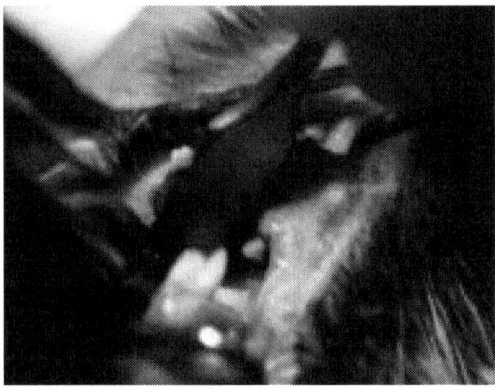

Bild 10: Hier werden gerade Zahnreste, die beim Kürzen der Backenzähne angefallen sind, aus der Mundhöhle entfernt. Die Zahnstückchen befinden sich am Instrument in der Mitte des Bildes.

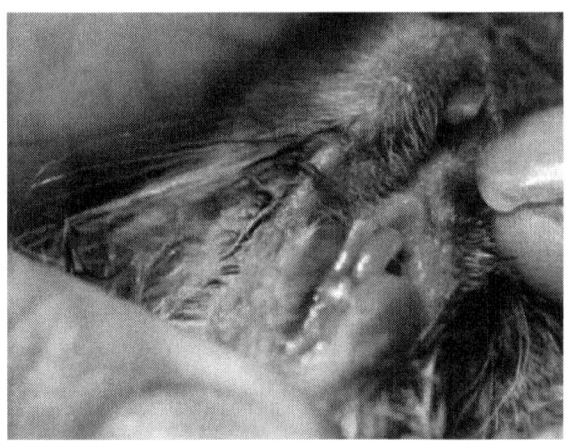

Bild 11: Die Zähne nach dem Kürzen. Am oberen Schneidezahn ist die Schnittkante deutlich zu erkennen.

Wählen Sie bitte nur einen solchen Tierarzt, der die Zähne des Chinchillas schneidet, ohne es vorher vollständig zu betäuben, da Ihr Chinchilla diese regelmäßig notwendigen Eingriffe sonst auf Dauer nicht übersteht. Sie müssen damit rechnen, alle 2-4 Wochen zumindest die vorderen Zähne schneiden zu lassen. Manchmal ist es auch erst nach zwei Monaten erforderlich. Leider sind die Instrumente, die dem Tierarzt derzeit zur Behandlung zur Verfügung stehen, nicht hundertprozentig auf das kleine, enge Maul des Chinchillas abgestimmt. Hoffentlich wird der ein oder andere Hersteller von Behandlungsgeräten für den tierärztlichen Bereich bald geeignete Artikel für die Behandlung eines Chinchillas anbieten.

Natürlich löst das Schneiden der Zähne nicht das Problem der Nahrungsaufnahme, denn das Chinchilla wird nach wie vor harte Futterteile nicht fressen können.

Wenn Sie Glück haben, so legt sich diese Zahnkrankheit nach einiger Zeit wieder. Erfahrungsgemäß handelt es sich aber leider meist um eine chronische Erkrankung, im schlimmsten Fall um ein Geschwür. Lesen deshalb nunmehr Kapitel 7.2. Dort erfahren Sie, wie man nahrhaftes Flüssigfutter für das kranke Chinchilla herstellt und es damit füttert.

Meist haben Chinchillas, die an dieser Krankheit leiden, vor der ersten Behandlung beim Tierarzt einiges an Gewicht verloren. Damit sich das geschwächte Tier keine Erkältungskrankheit zuziehen kann, und um den Kreislauf zu unterstützen, setzen Sie Ihr Chinchilla auf eine mit einem Tuch umwickelte Wärmflasche, so

wie es das folgende Bild zeigt. Diese Maßnahme sollten Sie auch im Sommer durchführen. Wenn Ihr Chinchilla die Wärme nicht benötigt, wird es die Wärmflasche meiden. Ansonsten werden Sie beobachten können, wie das Tier selbst bei Temperaturen um 30°C diese Wärmequelle aufsucht.

Bild 12: Ein krankes Chinchilla schmiegt sich an eine Wärmflasche. Darüber hinaus erhält es von einer Heizung (oben links) Wärme.

Wenn Ihr Chinchilla keine feste Nahrung mehr zu sich nehmen kann, so werden Sie auch beobachten können, dass das Tier nichts mehr benagt. Sie können ihm dann beruhigt auch in anderen Teilen der Wohnung den Auslauf gestatten, da nunmehr Kabel, Schränke, Stühle, etc. vor den Nagezähnen des Chinchillas sicher sind. Beachten Sie aber, dass auch ein solches Chinchilla seine Neugier nicht verloren hat und daher versuchen wird, die neuen Räumlichkeiten zu erforschen. Überlegen Sie sich also genau, wo Ihr Chinchilla laufen und springen darf, und wo Sie ihm besser den Zutritt verwehren.

Eine andere Krankheit, die sich häufig bei überzüchteten Tieren einstellt, ist eine **hormonelle Störung** (s. Kapitel 7.1.2). Diese äußert sich in zunehmendem Fellverlust, so dass das Chinchilla schließlich einige kahle Stellen am Körper aufweist. Der Tierarzt kann hier durch das Spritzen eines speziellen Präparates Abhilfe schaffen.

7.1.4 Altersbeschwerden

Chinchillamännchen können im Alter besonders unter Schwierigkeiten mit ihrem **Geschlechtsteil** leiden. Beim Reinigen der Genitalpartie können sich Fellreste wie eine Klammer um den Penis legen, so dass dieser nicht mehr eingezogen werden kann. Sie können hier ganz einfach Abhilfe schaffen, indem Sie sich Gleitcreme aus der Apotheke besorgen und damit das Geschlechtsteil eincremen. Der Fellring weicht dadurch ein wenig auf, so dass Sie ihn vorsichtig (!) entfernen können. Anschließend cremen Sie den Penis nochmals ein und ziehen die Vorhaut, ebenfalls vorsichtig, über das Glied. Falls Sie diesbezüglich etwas unsicher sind, so lassen Sie sich diese Behandlung von einem Tierarzt vorführen, damit Sie später in der Lage sind, Ihrem Tier selbst zu helfen.

Zwar sind ältere Chinchillas noch sehr agil, aber mit zunehmendem Alter nicht mehr ganz so stürmisch wie als Jungtier. Zudem lässt die **Sehkraft** etwas nach. Dies sind jedoch völlig normale Alterserscheinungen, die Sie nicht beunruhigen müssen.

7.1.5 Standort des Käfigs

Bei der Standortwahl ist unbedingt darauf zu achten, dass der Käfig weder in einem Bereich mit Durchzug noch extremer Luftfeuchtigkeit steht. Auch vor zu hoher Wärmezufuhr ist zu warnen. Achten Sie außerdem auf regelmäßige Belüftung des entsprechenden Raumes. Chinchillas bevorzugen ein **trockenes warmes Raumklima**. Wenn dies nicht berücksichtigt wird, so zieht sich das Tier entweder eine Erkältungskrankheit zu, leidet an Erschöpfungszuständen oder verliert plötzlich Fell infolge von Fellbeißen.
Neben den genannten Standortkriterien ist noch zu beachten, dass der Käfig nicht in der Raummitte aufgestellt wird. Der Käfig sollte mit einer Seite an der Wand stehen. Zudem darf der Käfigbereich nicht von oben einzusehen sein. Nur so fühlt sich Ihr Chinchilla sicher.

7.2 Rezept zur Herstellung von Flüssigfutter

Chinchillas, die an einer irreparablen Zahnkrankheit leiden, können nur wenig oder keine feste Nahrung mehr aufnehmen. Mit der hier beschriebene Futtermischung bleibt Ihr Chinchilla gesund und verliert nichts von der gewohnten Vitalität.

Zur Herstellung von 500g Futtermischung zur Herstellung von Flüssigfutter benötigen Sie folgende **Zutaten**:
900g Pellets, 100g Haferflocken, 1Packung Trockenmagermilchpulver (erhältlich in Reform- und Drogeriehäusern), zerriebene Kamillenblüten, Pfefferminze, Salbei.
Darüber hinaus benötigen Sie Honig, am besten eignet sich Sonnenblumenhonig, sowie Vitamintropfen für Nagetiere (z.B. Vitacombex Na).
Da Sie einige Futterzutaten zerkleinern müssen, schaffen Sie sich bitte, sofern nicht schon vorhanden, ein Mahlwerk an. Die preiswerteste Alternative ist hier die Anschaffung einer elektrischen Kaffeemühle. Außerdem benötigen Sie ein sehr feinmaschiges Teesieb (s. Foto) und eine 20ml-Spritze (ohne Nadel!), die Sie in einer Apotheke erwerben können.

 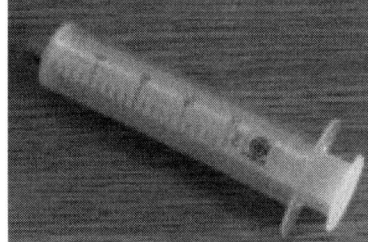

Bild 13 und 14: ein äußerst feinmaschiges Teesieb   **Bild 15:** 20ml-Spritze

Herstellung:
Zermahlen Sie zunächst die Pellets und 1 TL Kamillen-Pfefferminz-Salbeimischung so lange, bis Sie erkennen können, dass eine mehlartige Masse entstanden ist. Dieses „Futtermehl" streichen Sie anschließend durch das Teesieb. Sie werden zu Ihrem Leidwesen feststellen, dass der Rückstand im Teesieb ungefähr genauso groß ist, wie die Menge des gesiebten Futters. Da die Zutaten für diese Futtermischung aber verhältnismäßig preiswert sind, die erhaltene Futtermenge von 500g ungefähr drei bis vier Wochen reicht und darüber hinaus Ausgaben für zusätzliche Leckereien wegfallen, ist der hohe Ausschuss sicherlich zu verschmerzen.

Nachdem Sie die Pellets gemahlen und gesiebt haben, sind nun die Haferflocken an der Reihe. Auch diese werden erst gemahlen, dann wird das Hafermehl durch das Teesieb gestrichen. Schließlich vermengen Sie die beiden gesiebten Bestandteile (Pelletmehl und Hafermehl)miteinander Nun geben Sie sechs leicht gehäufte Teelöffel dieser Futtermischung in eine Tasse, fügen eine Messerspitze des Trockenmagermilchpulvers hinzu und füllen die Tasse zu 2/3 mit Wasser auf. Falls Sie Schwierigkeiten bei der Beschaffung des Trockenmagermilchpulvers haben sollten, so stellen Sie das Futter ohne diesen Zusatz her. Die in der Tasse befindlichen Zutaten werden nun gut miteinander verrührt bis Sie einen flüssigen Brei erhalten. Gegebenenfalls müssen Sie noch etwas Wasser hinzufügen. Diesen Brei verfeinern Sie anschließend (zur Freude Ihres Chinchillas) mit 1/2 TL Honig, falls Ihr Chinchilla ein Körpergewicht im kritischen Bereich aufweist, eine Woche lang täglich mit einem ganzen TL Honig.

Diese Mischung ersetzen Sie zweimal pro Woche durch die folgende: 6 TL Futtermischung ohne Trockenmagermilchpulver und je nach Herstellerangabe bis zu 40 Tropfen Vitaminlösung. Die Vitaminmischung steht bei manchen Chinchillas nicht sehr hoch in der Gunst. Zwei meiner Tiere rümpften verächtlich die Nase als ich ihnen die Nahrung anbot. Letztendlich wird die „Medizin" dann aber doch gefressen.

Bild 16: gemahlenes Futter (ungesiebt)   **Bild 17:** fertige Futtermischung

Fütterung:

Nachdem der jeweilige Futterbrei die entsprechende Konsistenz aufweist, ziehen Sie eine Spritze damit auf, säubern die Spritze äußerlich von Futterrückständen, drücken den Brei in der Spritze soweit nach außen bis Ihr Chinchilla das Futter riechen kann und versuchen nun die Fütterung. Falls Ihr Chinchilla mit dieser Futterspritze nichts anzufangen weiß, müssen Sie Ihr Tier einfangen und die erste Fütterung „zwangsweise" durchführen. Dazu halten Sie Ihr Chinchilla mit einer Hand fest, schieben mit der anderen Hand das Spritzenende vorsichtig in das Maul und beginnen die Fütterung. Ob Ihr Tier freiwillig oder gezwungenermaßen an der Spritze saugt, - Sie sollten den Austritt des Futters aus der Spritze besonders am Anfang, wenn Ihnen die Fressgeschwindigkeit des Tieres noch nicht bekannt ist, sorgfältig regulieren. Führen Sie Ihrem Chinchilla maximal ca. 0,1ml pro Sekunde zu. Wenn Sie zu langsam sind, macht sich das Chinchilla schon von allein bemerkbar.

Vom Honig- oder Vitaminbrei sollte Ihr Tier mindestens 40ml täglich zu sich nehmen, nach oben sind keine Grenzen gesetzt. So kann ein Tier mit einem hohen Stoffwechsel bis zu 160ml täglich zu sich nehmen und wird doch kaum mehr wiegen als 450g, während ein Chinchilla mit einem niedrigeren Stoffwechsel selten mehr als 80ml zu sich nimmt und trotzdem noch 430g auf die Waage bringt.

Zusätzlich sollten Sie versuchen, Ihr Chinchilla mit stark zerkleinerten Rosinen zu füttern. Je nach Ausmaß der Zahnschwäche wird das Chinchilla ½ bis 3 Rosinen fressen können.

Sobald das Chinchilla bei der Nahrungsaufnahme Anzeichen von Schmerzen aufweist, ist ein erneuter Besuch beim Tierarzt fällig. Allerdings ist das Chinchilla auch in den ersten Tagen nach dem Kürzen der Zähne schmerzempfindlicher. Verabreichen Sie Ihrem Tier dann zusätzlich über drei bis vier Tage täglich 5ml Salbei- oder Kamillentee. Falls Ihr Chinchilla den Tee nicht separat trinken will, können Sie ihn dem Futter beimischen.

Die Spritze ist selbstverständlich nach jeder Fütterung mit klarem Wasser zu säubern. Darüber hinaus sollten Sie diese aus hygienischen Gründen nach zwei Wochen gegen eine neue austauschen.

Bild 18: Das Chinchilla stützt sich beim Fressen auf der Hand ab.

49

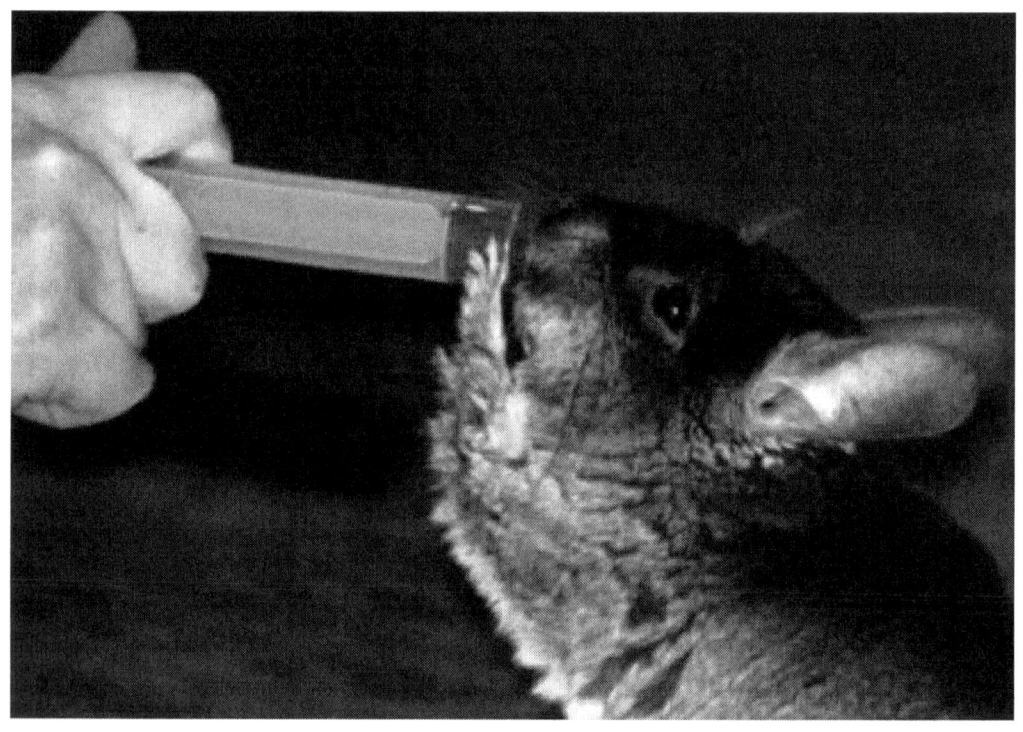

Bild 19: Das Chinchilla hält die Spritze mit beiden Pfoten fest.

8.Fortpflanzung

8.1 Geschlechtsreife und Paarung

Chinchillaweibchen erreichen ihre **Geschlechtsreife** mit ungefähr fünf Monaten, die Männchen sogar noch etwas früher. Geschlechtsreife Männchen sind den Weibchen gegenüber sehr stürmisch, weshalb darauf zu achten ist, daß man kein unerfahrenes junges Weibchen zu einem älteren Männchen setzt. Am besten verpaart man gleichaltrige Tiere miteinander. Falls Sie Nachwuchs bei ihren Chinchillas wünschen, sollten Sie dem Weibchen keinesfalls vor dem ersten Lebensjahr eine Geburt zumuten. Vom Zeitpunkt der Geschlechtsreife bis zum Erreichen des ersten Lebensjahres (oder auch länger) können Sie dem Weibchen spezielle, vom Tierarzt zu verordnende Verhütungsmittel in das Futter mischen. Wenn ihr Chinchillaweibchen unmittelbar nach Erreichen der Geschlechtsreife Nachwuchs erwartet, kann es nämlich einerseits zu Komplikationen bei der Geburt kommen, zum anderen können Missbildungen beim Nachwuchs auftreten.

Beim Liebesspiel der Chinchillas geht es häufig recht rauh zu. Sie müssen sich allerdings keine Sorgen um das Wohlbefinden des Weibchens machen, da diese in der Regel größer als Männchen sind und sich daher gut zur Wehr setzen können. Die Weibchen werfen bis zu drei Mal im Jahr. Ist Ihr Chinchillaweibchen trächtig, so bemerken Sie dies daran, das es häufiger vor Ihnen flieht und Sie häufiger als bisher „anmeckert". Außerdem hat es größeren Appetit, wirkt etwas rundlicher als gewöhnlich und macht dem armen Männchen jede Leckerei streitig.

Während der **Tragzeit** von etwa 3,5 Monaten (ca.111 Tage) und auch nach der Geburt der/des Jungtiere(s) können Sie das Männchen unbesorgt im Käfig lassen. Chinchilla-Eltern ziehen ihren Nachwuchs liebevoll gemeinschaftlich auf. Die kleinen Chinchillas werden die Nähe ihres Vaters genauso suchen wie die Nähe ihrer Mutter.

Selbstverständlich sollten Sie während der Trächtigkeit des Weibchens jede Art von Stress von ihm fernhalten. Vermeiden Sie Transporte, lautstarke Begutachtung durch Freunde und Verwandte, Abtasten usw., da dies zu Totgeburten oder sogar zum Tod des Weibchens führen kann. Wenn Sie etwas gutes für das Tier tun wollen, so reichen Sie ihm ein Apfelstück mehr in der Woche als bisher, und schenken Sie ihm Aufmerksamkeit, wenn es Ihre Nähe sucht.

Die **Geburt** der Jungtiere erfolgt meist nachts oder in den frühen Morgenstunden und entgeht daher der Aufmerksamkeit des Menschen. Während der Wehen gibt das Weibchen Schmerzenslaute von sich. Die Länge des Geburtsvorgangs richtet sich danach, ob es sich um eine Einzel- oder Mehrlingsgeburt handelt. Bei letzterer kann die Geburt sich mehrere Stunden hinziehen. Chinchillaweibchen bringen in Gefangenschaft pro Wurf meist bis zu drei Junge zur Welt. Ob Sie die Geburt nun bemerken oder nicht, - es besteht kein Anlass in das Geschehen einzugreifen. Am besten lassen Sie der Natur Ihren Lauf. Eines Morgens werden Sie bei der Fütterung der Chinchillas den Nachwuchs wahrnehmen, ohne dass Sie dem Weibchen sichtbare Anzeichen von Erschöpfung ansehen können. Entfernen Sie am Wurftag das Sandbad aus dem Käfig, damit sich weder Gebärmutter noch Vagina des Weibchens entzünden können. Auch die Stelle, an der das Weibchen die Jungen zur Welt gebracht hat ist von Unreinheiten (z.B. Blut) zu befreien. Es ist aber völlig ausreichend, dort das Streu auszuwechseln. Jeder größere Reinigungsaufwand würde nur unnötigen Stress für das Weibchen und seine Jungtiere bedeuten.

Bild 20: Jungtier, ca. 1 Woche alt

Bild 21: Jungtiere, ca. 4 Wochen alt

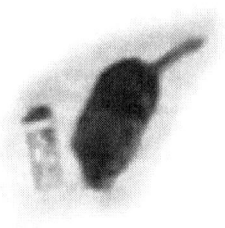

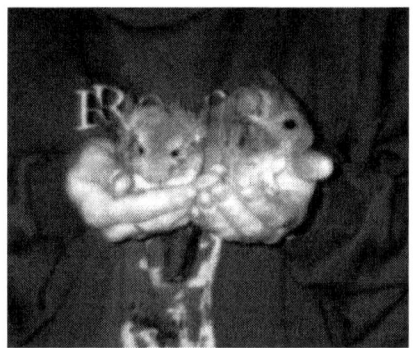

(zum Größenvergleich wurde ein Feuerzeug neben das Chinchilla gelegt)

8.2 Aufzucht der Jungtiere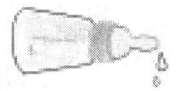
- Der Mensch als Elternersatz -

Chinchillas sind schon kurze Zeit nach der Geburt fast so aktiv wie ein ausgewachsenes Chinchilla. Im Gegensatz zu Mäusen oder Kaninchen kommen die Jungtiere vollständig behaart und sehend zur Welt. Meistens verlaufen Geburt und Aufzucht der Jungtiere, ohne dass der Mensch eingreifen muss. Bei Mehrlingsgeburten kann es jedoch vorkommen, dass die Mutter sich um eines der Jungtiere nicht kümmert, da es zu schwach ist. Dieses Jungtier sitzt ständig allein in einer Ecke des Käfigs und wimmert leise. Bereiten Sie für dieses Jungtier einen eigenen Käfig vor, in den Sie eine mit einem Handtuch oder ähnlichem umwickelte Wärmflasche legen. Achten Sie darauf, dass die Wärmflasche nicht heiß sondern angenehm warm ist. In eine Ecke des Käfigs setzen Sie ein Stofftier (z.B. Stoffhase, Teddybär). Nehmen Sie dann das kränkelnde Jungtier aus dem Käfig und wärmen Sie es zunächst einmal in Ihren Händen. Sind die Lebensgeister so wieder etwas angeregt, setzen Sie das Tier in den vorbereiteten Käfig. Wahrscheinlich wird es sofort die Nähe des Stofftieres suchen, das ihm nun als Mutterersatz dient. Vergessen Sie nicht, das Wasser in der Wärmflasche regelmäßig gegen warmes Wasser auszutauschen, da das Jungtier sonst an Unterkühlung sterben kann. Von Heißkissen muss ich abraten, da die niedrigste Stufe bereits zu heiß für das Jungtier ist. Als Alternative zur handelsüblichen Wärmflasche kann ich noch eine Moorwärmflasche empfehlen, welche Sie in der Mikrowelle erwärmen können. Achten Sie hier ebenfalls auf eine angemessene Temperatur der Wärmflasche. Damit das Jungtier auch in der Nacht die ausreichende Wärme erhält, stellen Sie den Käfig vor eine Heizung (keinen Heizlüfter!). Diese Maßnahmen führen Sie je nach Konstitution des Jungtieres zwei bis drei Wochen durch. Sie können den Käfig selbstverständlich auch tagsüber vor eine Heizung stellen. Aber auch dann sollten Sie dem Tier in den ersten zwei Wochen die Wärmflasche nicht vorenthalten, es sei denn, Sie haben die Möglichkeit, den Käfig gefahrlos auf einem warmen Heizungskörper abzustellen.

Im Tierhandel besorgen Sie sich nun Milchpulver für die Aufzucht von Katzen, welche Sie nach Anweisung zubereiten. Die handwarme Milch geben Sie auf einen Teelöffel. Das Chinchillajunge wird sofort die Futterquelle erkennen und die Milch vom Teelöffel lecken. Leider gibt es im Handel keine Fläschchen für die Aufzucht von Chinchillas, aber die Methode der Fütterung mittels eines Teelöffels hat sich bei mir gut bewährt. Statt eines Teelöffels können Sie selbstverständlich auch eine Spritze mit Milch aufziehen und die Fütterung wie in Kapitel 7.2 beschrieben durchführen. Füttern Sie das kleine Chinchilla mit der Milch solange, bis es das Futter ablehnt. Diese Fütterung wiederholen Sie tagsüber alle zwei Stunden. Falls es gerade Sonntag ist und Sie nicht die Möglichkeit haben, etwas Aufzuchtsmilch zu besorgen, können Sie sich vorübergehend auch mit Kondensmilch behelfen. Die Kondensmilch vermischen Sie im Verhältnis 1:2 mit lauwarmem Wasser.

Neben der Funktion als „Milchspender" sind Sie in einem solchen Fall auch Elternersatz für das Chinchillajunge geworden. Sie sollten dem Jungtier daher in den ersten Wochen seines Lebens besonders viel Zuwendung zukommen lassen. Durch diese Zuwendung erreichen Sie, dass das Chinchilla sehr zahm wird und Ihnen mehr Vertrauen und Aufmerksamkeit schenkt als jedes andere Ihrer Tiere. Zutrauliche Tiere lassen sich auch von Ihnen streicheln, besonders gerne hinter den Ohren, unter dem Kinn, manche lassen sich sogar am Bauch kraulen.

Nach sechs bis acht Wochen ist das Jungtier an feste Nahrung zu gewöhnen. Um eine Überfütterung in der Anfangsphase zu vermeiden, reichen Sie dem Jungtier die Hälfte der Ration eines erwachsenen Tieres. Wenn das Tier die Geschlechtsreife erlangt hat, können Sie ihm die volle Ration zukommen lassen.

Leider kann man nicht jedes Jungtier retten. Von einem Dreierwurf überleben oft nur zwei die erste Woche. Manchmal stirbt ein Jungtier auch ohne erkennbaren Grund drei Wochen nach der Geburt. Machen Sie sich daher keine Vorwürfe, falls einer Ihrer Rettungsversuche scheitern sollte.

Bilder 22 und 23: Mutterloses Jungtier, ca. 3 Wochen alt

Als Mutterersatz dient ein Plüschhase, auf dessen Kopf es sich das Chinchilla bequem gemacht hat

9. Kleines Chinchilla-ABC

Die folgende alphabetisch sortierte Liste ersetzt nicht die Lektüre des Buches. Sie soll vielmehr dazu dienen, sich gewisse Sachverhalte noch einmal ins Gedächtnis zu rufen und einige Zusatzinformationen zu geben.

A

Alter: s. Lebenserwartung

Altersbeschwerden: trübe Augen; Schwierigkeit beim Einziehen des Penis; nachlassende Sehkraft

Apathie: das Tier ist teilnahmslos, reagiert kaum

Aggressivität: hervorgerufen durch Ruhestörungen, Futterneid, Rivalitätskämpfe, Misshandlungen

Augen: trübes, tränendes Auge kann durch Zahnschmerzen hervorgerufen werden; sind beide Augen trübe, handelt es sich wahrscheinlich um eine Krankheit infolge falscher Ernährung oder um eine Erkältung

Äste: zum Benagen oder als Kletterhilfe im Käfig eignen sich insbesondere Obstgehölze

B

Baden: s. Fellpflege

C

Chinchilla: Name stammt vermutlich aus der Inkasprache oder einer anderen südamerikanischen Indianersprache; gehört zur Familie Chinchillidae

D

Disteln: die getrockneten Blätter sind eine schmackhafte Leckerei, weshalb Sie einen Vorrat dieser stacheligen Pflanze im Haus haben sollten. Niemals am Wegesrand pflücken (wegen möglicher Schadstoffe).

Darm: ca. 2,50m-3m lang und damit um ein Vielfaches länger als das Tier; Darmflora kann durch falsche Ernährung empfindlich gestört werden; kann bei Rivalitätskämpfen verletzt werden

E

Erdnüsse: s. Nüsse

Erdhöhle: werden von einer im Flachland Südamerikas lebenden Chinchillaart, dem Viscacha, gegraben

Ernährung: nahezu ausschließlich getrocknete, fettarme Nahrung

F

Fell: dicht, weich, mit dreifacher Farbabstufung (sog. Agutimuster), Bauch weiß

Fellpflege: erfolgt mittels Sandbad, in freier Wildbahn durch ein Staubbad; durch gegenseitige Fellpflege bei Pärchen, sonst individuelle Pflege

Fluchttiere: bei beunruhigenden Geräuschen oder Bewegungen reagiert das Tier ängstlich und ergreift sofort die Flucht

Fortpflanzung: Weibchen sollten nicht vor Erreichung des ersten Lebensjahres werfen

Freude: besonders zutrauliche Chinchillas zeigen ihre Freude über eine besondere Leckerei oder die Freude darüber, dass ihr Halter nach Hause kommt, durch kurze kleine Sprünge in die Höhe

Futterneid: kleine Rangeleien um das Futter sind kein Anlass zur Beunruhigung; bei mehreren Chinchillas auf die gleiche Verteilung der Leckereien achten

Fütterung: sollte stets ungefähr zur gleichen Zeit erfolgen; in Maßen füttern; maximal zu reichende Mengen beachten

G

Geburt: nach ca. 3,5 Monaten Tragzeit; meist nachts oder in den frühen Morgenstunden

Gemüse: niemals frisches Gemüse verfüttern

Geschlechtsreife: Weibchen mit fünf Monaten, Männchen etwas früher

Geschlechtsteile: Verwechslungsgefahr der Geschlechtsteile des Männchens mit der After-Genital-Partie des Weibchens; bei Verschmutzungen, Einschnürungen des Penis, diesen mit Gleitcreme von Unreinheiten befreien, damit Austrocknung des Geschlechtsteiles vermieden wird

Getreide: Chinchillas vertragen eine Vielzahl von Getreidearten, jedoch keinen Roggen

Gifte: alles, was für den Menschen giftig ist, darüber hinaus sind die Tiere fernzuhalten von Textilien, Wolle, Tapeten, Kabeln, etc.(s. auch „Vergiftungen")

H

Haselnuss: s. Nüsse

Herkunft: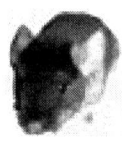
Südamerika, Gebirgsketten der Kordilleren/Anden

Heu: täglich eine Handvoll zusätzlich zum Futter, nur erster Schnitt

Holz: zum Käfigbau nur unbehandeltes, unlackiertes Holz verwenden (s. auch „Knabberhölzer")

Hormonelle Störung: äußert sich durch Fellbeißen; Abhilfe nur durch den Tierarzt möglich

I

Instinkthandlungen: Baden, Flucht, Nagen, Springen, Warnlaute
Infektion: durch verschmutzten Käfig oder verunreinigtes Sandbad; durch sich entzündende Wunden

J

Jagd: wegen des einzigartigen Fells; führte fast zur Ausrottung der Chinchillas
Jungtiere: kommen vollständig behaart und sehend zur Welt, bereits kurz nach der Geburt aktiv

K

Käfig: auf ausreichende Höhe achten, nicht in der Mitte des Wohnraumes aufstellen; Ausstattung mit mindestens einer Versteckmöglichkeit (Holzhäuschen), Futternapf, Tränke, Heuraufe, Sandwanne, Kletterästen; Boden mit Kleintierstreu bedecken
Kinder: halten Sie aufgeregte kleine Kinder vom Käfig fern, damit das Chinchilla in seiner Ruhephase nicht gestört wird; Chinchillas sind als Haustiere für Kinder ungeeignet
Knabberhölzer: dienen der Befriedigung des Nageinstinkts, verhindern übermäßiges Wachstum der Zähne
Kork: naturbelassene Korkrinde mit einer stabilen Bürste von Schmutz befreien; dient als zusätzliche Versteckmöglichkeit; kann benagt werden
Knabber- bzw. Knusperstangen: befriedigen ebenfalls den Nageinstinkt, darüber hinaus Ergänzungsfutter
Krankheiten: folgende Arten kommen am häufigsten vor:
- ✖ Fellbeißen
- ✖ Durchfall
- ✖ Verstopfung
- ✖ übermäßiges Wachstum der Zähne infolge fehlender Abnutzung
- ✖ Nierenleiden
- ✖ Infektionen, Entzündungen
- ✖ Erkältungen infolge Zugluft oder feuchter, kalter Raumluft

L

Lebenserwartung: 15-20 Jahre, in Ausnahmefällen auch 25 Jahre
Losung: Form der Losung weist auf mögliche Krankheiten hin; optimal ist eine glatte, ovale Form
Leckereien: Rosinen, Disteln, Apfelstücke, verschiedene Nüsse
Letalfaktor: bezeichnet hier die Unmöglichkeit der Verpaarung zweier Mutationen, da kein Jungtier eines solchen Pärchens lebend geboren wird (letal: Bedeutung in der Medizin: tödlich)

M

Männliches Chinchilla: in der Fachsprache auch als Böckchen bezeichnet

Monogamie: in freier Natur sind Chinchillas wahrscheinlich monogam, zur Zucht werden Männchen mit mehreren Weibchen verpaart

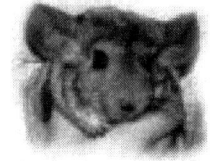

N

Nachtaktivität:
Tiere werden erst gegen sechs Uhr abends aktiv und bleiben es die ganze Nacht über, daher als Haustier für Kinder ungeeignet

Nagen: benagt werden grundsätzlich alle Materialien

Nase: trocken, sauber; feuchte Nase ist Hinweis auf eine Erkältung

Neugier: bei entsprechender Haltung des Tieres gut ausgeprägt; fördert Lernfähigkeit des Tieres

Nüsse: besondere Leckereien, die nur selten verfüttert werden sollten, ansonsten Gefahr der Verfettung des Tieres

O

Obst: Generell kein frisches Obst verfüttern; Ausnahme: Apfelstückchen können auch ungetrocknet gereicht werden

Ohren: glatt und beinahe haarlos; gesund sind Ohrränder ohne Belag, feuchte Stellen, Krusten, Schuppen

P

Paarhaltung: möglichst nur gleichaltrige junge Tiere zusammenbringen; Gefahr beim Zusammenbringen zweier sich fremder Tiere, dann den Käfig anfänglich gut im Auge behalten, bei Auseinandersetzungen sofort einschreiten; Trick: Tiere *unter Beobachtung* zusammen in einen kleinen Käfig sperren

Paarungsverhalten: Männchen sind meist gegenüber den Weibchen sehr stürmisch; nicht paarungsbereite Weibchen weisen die Männchen in ihre Schranken; am besten monogam verpaaren

Pellets: Grundnahrungsmittel für Chinchillas

R

Reinlichkeit: Chinchillas betreiben eine ähnlich aufwendige Fellpflege wie Katzen; tägliches Sandbad muß gewährleistet sein

Reisen: nicht mit trächtigen Weibchen; während des Transports am besten in einem kleinen Katzentransportkäfig unterbringen, dadurch werden optische Störfaktoren weitestgehend ausgeschlossen; Transportkäfig stets anschnallen

Ruhezeiten: tagsüber für Ruhe im Bereich des Käfigs sorgen

S

Schwanz/Schweif: ca. 15cm lang, mit langen Grannen versehen; kahler Schweif weist auf Krankheiten hin

Sozialverhalten: ausgeprägt gegenüber Jungtieren und gegenüber dem Partner, bei Weibchen jedoch in größerem Ausmaß zu beobachten

Springen: Chinchillas müssen ausreichend Gelegenheit erhalten zu springen, daher muß der Käfig diesem natürlichen Bedürfnis durch seine Höhe Rechnung tragen

Streicheln: Chinchillas sind keine Streicheltiere wie Hunde; besonders zutrauliche Chinchillas lassen sich aber hinter dem Ohr, unter dem Kinn, manche sogar am Bauch kraulen

Stressfaktoren: Lärmbelästigung am Tage; häufiges Einfangen wegen des menschlichen Bedürfnisses, das Tier zu streicheln; ständig wechselnde Fütterungszeiten

T

Tierarzt: sofort bei starkem Gewichtsverlust des Tieres, häufigen Schwächeanfällen, die nicht auf Stress zurückgehen, permanentem Fellbeißen, übermäßigem Zahnwuchs und Verletzungen des Chinchillas aufsuchen; ziehen Sie jeder Selbstbehandlung den Gang zum Tierarzt vor

Tierheim: hier warten viele heimatlose Chinchillas auf ein neues Zuhause; die Tiere stammen entweder aus einem aufgelösten Zuchtbetrieb oder aus einem Privathaushalt

Tragzeit: ca. 3,5 Monate

Tränke: aus hygienischen Gründen einem Wassernapf vorzuziehen; Wasser in der Tränke möglichst täglich erneuern

Transport: s. Reisen

U

Urinieren: erfolgt meist an einer bestimmten Stelle im Käfig, dort das Streu häufiger auswechseln; in vom Tier als bedrohlich empfundenen Situationen verspritzt es Urin

V

Vergiftungen: nach erfolgtem Verzehr giftiger Stoffe (z.B. giftiger Zimmerpflanzen) und falls kein Tierarzt erreichbar ist: starke Lösung unechtes Karlsbader Salz zubereiten, Mischungsverhältnis: auf fünf Teile Wasser ein Teil Salz, Lösung dreimal täglich über drei Tage eingeben

Vereinsamung: tritt bei mangelnder Zuwendung oder durch den Tod des Partners ein; äußert sich in Fressunlust oder Fellbeißen, Tipp: Bei Trauer über den Tod des Partners (speichelfestes) Stofftier in den Käfig setzen

W

Wahrnehmung: Umwelt wird mit Barthaaren betastet, durch Benagen „erschmeckt" und optisch fixiert

Wärme: mutterlose Jungtiere und kranke Tiere benötigen ausreichende Wärme, dazu Wärmflasche mit warmem Wasser befüllen, mit einem

Handtuch o.ä. umwickeln und das Tier darauf setzen

Wasser: täglich für frisches Wasser sorgen; Wasserverbrauch im allgemeinen nicht sehr hoch

Z

Zähne: werden durch Nagetrieb kurz gehalten; müssen gelbliche Färbung aufweisen, parallel stehen; untere Nagezähne sind etwas länger als die oberen; bei übermäßigem Wuchs sofort Tierarzt aufsuchen

Zoofachhandel: beim Tierkauf jedem Kaufhaus vorzuziehen, trotzdem Haltungsbedingungen dort kritisch analysieren. Informationen zum „Ausgezeichneten Zoofachgeschäft" im Internet unter http://www.zzf.de.

Zucht: erfolgt in Deutschland zur Züchtung von Tieren für den Haustiermarkt; außerdem zur Pelzgewinnung, wobei die Tiere mit ungefähr acht Monaten (Eintritt der Fellreife) gepelzt werden (= Tötung zwecks Fellgewinnung).

ANHANG

Das folgende Schild kann der Leser ausschneiden und dann von außen an die Türklinke des Raumes hängen, in dem das Chinchilla Auslauf hat, um damit andere Bewohner vor dem frei umherlaufenden Chinchilla zu „warnen":

Ein besonderer Dank gilt den „Fotomodellen": Alf, Bonny, Charly, Flummi, Gismor, Idefix, Jerry, Murmel, Teddy

(Falls Sie es wünschen, ist hier Raum für Ihre eigenen Notizen.)

Vergessen Sie nicht, dieses Buch zu empfehlen. Danke!